Datenverarbeitung im Recht

Band 4 Heft 3, 1975 ISSN 0301-2980

Bernt Bühnemann
Herbert Fiedler
Hermann Heussner
Adalbert Podlech
Spiros Simitis
Wilhelm Steinmüller
Sigmar Uhlig

J. Schweitzer Verlag Berlin

Datenverarbeitung im Recht

Archiv für die gesamte Wissenschaft der Rechtsinformatik, der Rechtskybernetik und der Datenverarbeitung in Recht und Verwaltung.

Zitierweise: DVR

Geschäftsführender Herausgeber:

Dr. Sigmar Uhlig, D-53 Bonn-Tannenbusch, An der Düne 13,
Telefon 0 22 21/66 13 78 (privat); 0 22 21/5 81 oder 58 48 27 (dienstlich)

Redaktioneller Mitarbeiter:

Dieter Hebebrand, D-3501 Niestetal, Fliederweg 1, Telefon 05 61 / 52 46 31 (privat); 05 61 / 30 73 63 (Bundessozialgericht)

Band 4 Heft 3, Dezember 1975

Inhalt

Abhandlungen

Hinweise

Literatur

Die Autoren der Beiträge dieses Heftes

Ulrich Dammann, Wissenschaftlicher Mitarbeiter der Forschungsstelle für Juristische Dokumentation, D-6000 Frankfurt, Senckenberganlage 31

Herbert Burkert, D-6110 Dieburg, Konviktsweg 18

Henriette Mignot, CRIDON, 58, bvd. des Belges, F-69 458 Lyon

Verantwortlich für den redaktionellen Teil: Dr. Sigmar Uhlig, Bonn.

Verlag: J. Schweitzer Verlag, 1 Berlin 30, Genthiner Straße 13, Telefon 0 30/2 61 13 41, Postscheckkonto: Berlin-West, Konto-Nr. 566 67-108; Berliner Bank A.G., Depka 32, Konto-Nr. 32 71036 400. Der Verlag ist eine KG; persönlich haftende Gesellschafter sind Dr. Kurt Georg Cram, Berlin, und Dr. Arthur L. Sellier, München; Kommanditisten sind Alfred Sellier und Marie-Louise Sellier, beide München. *Anzeigenannahme:* J. Schweitzer Verlag. Gültig ist Anzeigenpreisliste Nr. 1. Verantwortlich für den Anzeigenteil: Dietrich Foth. Anzeigenschluß 4 Wochen vor Erscheinen des Heftes. *Satz:* Behr, München. *Druck:* Gerber, München. *Erscheinungsweise:* Die Zeitschrift erscheint bandweise, ein Band besteht aus 4 Heften zu je ca. 96 Seiten. Jährlich soll ein Band erscheinen. *Bezugspreise:* Abonnementspreis pro Band DM 154,–. Vorzugspreis für Studenten und Referendare DM 116,–, Einzelheft DM 46,–, Doppelheft DM 92,–. Alle Preise verstehen sich inklusive Mehrwertsteuer, jedoch zuzüglich Zustellgebühr. *Bestellungen* nehmen entgegen: jede Buchhandlung und der Verlag. Bestellungen zum Vorzugspreis nur gegen Vorlage einer Ausbildungsbestätigung. *Abbestellungen* müssen 4 Wochen vor Vierteljahresschluß erfolgen.

Ulrich Dammann

Datenschutz und Forschungsfreiheit – Konsequenzen und Probleme des Entwurfs eines Bundesdatenschutzgesetzes[1]

Übersicht

1 Einführung

1.1 Zur Bedeutung einer Informations-System-Politik

Das Zeitalter der Information wird mit gemischten Gefühlen erwartet. Der Hoffnung auf die aufklärerisch-emanzipatorische Wirkung einer gleichsam von der Erdschwere konventioneller Techniken und Medien befreiten, vollkommenen Information und Kommunikation steht die Furcht gegenüber, die neuen Informationstechnologien könnte sich vor allem als Herrschaftsinstrumente für die bestehenden Machtzentren erweisen und zur Errichtung eines Systems der totalen Überwachung und Manipulation dienen. Die offizielle Politik in der Bundesrepublik wie anderswo steht zwar noch eindeutig im Zeichen einer intensiven, auf Rationalisierung und Innovation ausgerichteten Förderung der Computer- und Nachrichtentechnologie sowie ihrer Anwendung in Form von Informationssystemen verschiendenster Typen, aber es mehren sich doch vornehmlich die Stimmen, die auch im Bereich der Information Widerspruch gegen eine Politik des technologischen Maximalismus anmelden[2].

Vieles spricht in der Tat dafür, daß dieser Zweig der Technologie die Gesell-

---

[1] BT-Drucks 7/1027. Paragraphen ohne Gesetzesangabe beziehen sich im folgenden auf diesen Entwurf.

[2] Vgl etwa *Simitis*, Computer, Sozialtechnologie und Jurisprudenz, in: ZSR 1972, 437 ff (468 f).

schaft vor noch weitaus schwierigere politische Aufgaben stellen wird, als dies bei den heute schon klassischen Technologien des Verbrennngusmotors und der Kernenergie der Fall gewesen ist. So wächst mit jeder neuen Studie die Einsicht, daß es nicht ausreicht, eine im Kern naturwüchsig bleibende Entwicklung mit mehr oder weniger perfektionierten Schutzmaßnahmen zu flankieren, sondern daß im Prinzip die Informationsbeziehungen in praktisch allen gesellschaftlichen Teilsystemen gründlich überdacht und neu geordnet werden müssen. Entgegen dem Titel mancher Gesetzesentwürfe[3] ist deshalb auch nicht der Schutz von Daten vor Mißbrauch das zentrale Problem, sondern die gesellschaftspolitisch richtige Gestaltung der Informationssysteme, insbesondere die Zuweisung von Informationschancen und die Strukturierung der Kommunikationsbeziehungen.

Spätestens wenn man die Ebene des abstrakten Räsonierens über Datensammlungen und Informationssysteme verläßt und konkrete gesellschaftliche Bereiche auf die Chancen und Gefahren moderner Informationssysteme hin untersucht, stellt sich eine zweite grundlegende Einsicht ein: die Informationsbeziehungen – und dementsprechend die Probleme ihres technologischen Wandels – sind keine isoliert zu analysierenden und zu regulierenden Phänomene, sondern sind zentraler Bestandteil der jeweiligen Sozialbeziehungen. Zwar ist es allgemein richtig, daß aktive und passive Informationsbestände (oder: Wissen und Bekanntsein) weitgehend das Maß an Entscheidungsfreiheit und den Handlungsspielraum bestimmen, die einem gesellschaftlichen Subjekt zur Verfügung stehen. Doch steht ebenso sicher fest, daß sich der konkrete Stellenwert einer Information immer nur aus dem jeweiligen Verwendungszusammenhang beurteilen läßt: erst die konkreten Interaktionsbeziehungen mit ihren ökonomischen, psychologischen und machtmäßigen Gegebenheiten bilden den Kontext, aus welchem sich bestimmte Informationsinteressen begründen und innerhalb dessen sich die Auswirkungen von Informationsdefiziten und Informationsvorsprüngen auf die Befriedigung gegensätzlicher Interessen abschätzen lassen. Informationspolitik ist deshalb nur als Bestandteil einer umfassenderen „Sachpolitik" sinnvoll.

Ein weiterer Zusammenhang, der die Politik der Informationstechnologie und der Informationssysteme zu einer Schlüsselfrage moderner Gesellschaftspolitik macht, ist der zwischen der Information einerseits und den Methoden und der Organisation der geistigen Arbeit andererseits. Entscheidungs- und Problemlösungsprozesse hängen von Art und Menge der verfügbaren Informationen ab. Eine veränderte Information hat daher regelmäßig ablauforganisatorische Konsequenzen. Nur in bestimmten Grenzen können die Informationssysteme bestehenden Organisationsstrukturen angepaßt werden. Im übrigen hat sich die Or-

---

[3] Siehe die Aufstellung bei *Dammann,* Strukturwandel der Information und Datenschutz, in: DVR 3, 267 (1974), Anm 17 mit weiteren Hinweisen, sowie *Simitis/Dammann/Mellmann* (Hrsg): Data Protectia Legislation. Die Gesetzgebung zum Datenschutz, Frankfurt 1976.

ganisation auf die Struktur und Funktion zumal übergeordneter Informationssysteme einzustellen[4].

1.2 Zur Datenschutzgesetzgebung

Die gesellschaftspolitische Diskussion der modernen Informationstechnologie hat sich bislang auf die Position des einzelnen bei der Verarbeitung „seiner" Daten, den sogenannten Individualdatenschutz, konzentriert. Die Datenschutzgesetzgebung, in die diese Diskussion in vielen Ländern einmündet[5], zielt darauf, bestimmte Rechte des einzelnen in „seinem" Informationsprozeß zu fixieren, und stellt damit bestimmte Anforderungen an Informationssysteme, die personenbezogene Daten verarbeiten. Wie tief diese Anforderungen in einzelne Lebensgebiete eingreifen können, hat sich an einigen Beispielen schon deutlich erwiesen: ganze Branchen des Informationsgewerbes, wie Kreditauskunfteien, Detekteien und Adressenhändler, sehen ihre Existenz in Frage gestellt[6]; die Organe der Strafverfolgung und die Geheimdienste verlangen Freistellungen (und scheinen diese weitgehend auch zu erhalten[7]); die ärztlichen Standesorganisationen widmen dem Thema Datenschutz in literarischen Beiträgen und Konferenzen außerordentliche Aufmerksamkeit, offensichtlich weil sie erkannt haben, daß die Ansätze zur technologischen Modernisierung des medizinischen Informationswesens nicht nur die Grundlagen der Arzt-Patienten-Beziehung tangieren, sondern tendenziell die gesamte überkommene Organisation der ärztlichen Versorgung in den Gesichtskreis weiterer Reformüberlegungen rücken[8]. Auch die meisten anderen vom Datenschutz betroffenen Berufe, Wirtschaftsbranchen und Verwaltungszweige haben die Diskussion aufgenommen und es nicht selten verstanden, die Gesetzgebung in ihrem Sinne zu beeinflussen.

Wenn es nunmehr in der Gesetzesbegründung heißt, um den Datenschutz zu

---

[4] Vgl dazu *Kl. Lenk,* Automated Information Management in Public Administration OECD Informations Studies No 4; *Ders,* Wie lassen sich (de-)zentralisatorische Wirkungen der Verwaltungsautomation bestimmen?, in: ÖVD 1974, 109 ff, *U. Thomas,* Computerised Data Banks in Public Administration, OECD Informations Studies No 1, 49 ff, *Knut S. Selmer,* Standards for Information Handling and Control Procedures, Paper für das OECD-Seminar on Policy Issues in Data Protection, 24th – 26th June 1974, DAS/CUG/74. 11, No 17 ff, demnächst in der Reihe der OECD Informatics Studies.

[5] Vgl Anm 3.

[6] Beim Hearing des Bundesinnenministers im November 1972 waren so schrille Töne schon nicht mehr zu hören, vgl. Dokumentation einer Anhörung zum Referentenentwurf eines Bundes-Datenschutzgesetzes vom 7.–9. November 1972. Die für die Detekteien existenzbedrohende Pflicht zur Offenlegung ihrer Information ist im Regierungsentwurf nicht vorgesehen – es sei denn man erblickt in den Identifizierungsmerkmalen des Informanten zur Person des Überwachten gespeicherte Daten; die Regelung des § 24 Abs 3, die den Adressenhandel überleben lassen soll, wird sich zumindest in dieser Form nicht halten lassen, vgl dazu *A. Podlech,* Adressenverlage, die Mengenlehre und der Entwurf eines Bundesdatenschutzgesetzes, in: DVR 2, 109 (1973).

[7] Vgl § 10 S 2, § 11 Abs 2 und 3, § 20 Abs 4.

[8] So zB der Verband der Ärzte Deutschlands *Hartmannbund eV,* der die Verhandlungen seiner Hauptversammlung 1973 in Baden-Baden unter dem Titel „Schweigepflicht und Schweigerecht des Arztes" in seiner Schriftenreihe herausgegeben hat, sowie die 27. Generalversammlung des Weltärztebundes, 17.–18. Oktober 1973 in München, „Computer und Arztgeheimnis in der Medizin".

gewährleisten, „ohne jeodch das legitime Interesse an einer möglichst rationellen Speicherung der notwendigen Informationen zu beeinträchtigen“[9], habe man eine Konzeption gewählt, die „die Alltagspraxis in Verwaltung und Wirtschaft nicht unnötig behindert (und) den technischen Fortschritt nicht hemmt“[10], so scheint dies auf eine grundsätzliche Anerkennung des informationellen Besitzstandes der Informationsverarbeiter und ihrer technologischen Interessen hinauszulaufen. Der Gesetzestext selbst allerdings löst Zielkonflikte zumeist nicht auf, sondern flüchtet vor der widrigen Realität der Interessengegensätze in die heile Welt der Generalklauseln: wieviel Datenverarbeitung, wieviel Datenschutz es geben soll, wird von Kategorien abhängig gemacht, wie dem „Rahmen rechtmäßiger Erfüllung der... Aufgaben“ oder „der Zweckbestimmung eines Vertrags-... oder... Vertrauensverhältnisses“, den „berechtigten Interessen“ der einen, den „schutzwürdigen Belangen“ der anderen Seite und den „überwiegenden Interessen eines Dritten“, der Gefährdung der „Aufgaben“ oder „Geschäftszwecke“, der „öffentlichen Sicherheit und Ordnung und dem „Wohl des Bundes oder eines Landes“. In solche Klauseln kann nahezu jedermann seine Interessen hineinprojizieren. Nachdem sich alle Beteiligten in der schon immer vertretenen Auffassung, daß gerade ihre Belange schutzwürdig bzw. ihre Interessen berechtigt, wenn nicht überwiegend seien, von der Gesetzesbegründung dergestalt bestätigt sehen, kann das Generalklauselwerk sogar auf eine positive Aufnahme rechnen. Der bisherige Zweckpessimismus wird, nachdem das Gesetz nicht mehr verhindert werden kann, durch die Hoffnung abgelöst, man könne, zur Not gemeinsam mit der Justiz, in der Praxis doch „etwas Vernünftiges“ aus dem Gesetzestext machen[11]. Daß dieses Kalkül nur für eine Seite aufgehen kann, werden schon die ersten Prozesse lehren.

Vorerst aber besteht über den Inhalt des Entwurfs eine erhebliche Unsicherheit, so daß es nicht verwundert, wenn auch zwischen interessenmäßig nicht festgelegten Sachverständigen große Differenzen in der Beurteilung seiner voraussichtlichen Auswirkungen bestehen. Sehen die einen die Funktionsfähigkeit ganzer Kommunikationsbereiche ohne greifbaren Nutzen für irgendwen bedroht, so beklagen die anderen, daß praktisch alles beim alten bleiben werde[12]. Die Verfasser des Entwurfs ihrerseits zögern nicht, diesen Widerspruch als Be-

---

[9] S 18

[10] S 20

[11] So die meist unausgesprochene Grundhaltung der meisten Äußerungen der Interessenvertreter beim erwähnten Hearing des Bundesinnenministers (Anm 6), sowie beim Hearing des Innenausschusses des Bundestages am 6. Mai 1974, Datenschutz/Meldegesetz, Zur Sache 5/74.

[12] Vgl zB einerseits *Schimmel/Steinmüller*, in: *Dammann/Karhausen/Müller/Steinmüller*, Datenbanken und Datenschutz, Frankfurt 1974, 155, nach denen es sich „nicht um ein Grundgesetz des Datenschutzes“, sondern schon eher um ein „System legislativer Durchbrechungen des Datenschutzes“ handelt, andererseits *Tiedmann/Sasse*, Delinquenzprophylaxe, Kreditsicherung und Datenschutz in der Wirtschaft, Köln ua 1973, 145, die im Entwurf deshalb „kein geglücktes Produkt deutscher Gesetzgebungskunst“ sehen, weil er mit zuviel Datenschutz die „reale(n) Funktionsbedingungen eines freien Wirtschaftssystems“ verkenne.

stätigung für ein ausgewogenes Gleichgewicht zwischen den widerstreitenden Interessen zu reklamieren[13].

Wie schwer freilich der Inhalt des Entwurfs zu fassen und seine Wirkungen vorauszusagen sind, so läßt sich doch umgekehrt nicht die These halten, der Entwurf lasse alle Fragen offen, sei also gewissermaßen ein normatives Nullum. Bei aller Vagheit setzt der Entwurf doch einige Markierungen, deren Konsequenzen bei Zugrundelegung der zu vergleichbaren Problemen ergangenen Judikatur durchaus eingeschätzt werden können. Diese Wirkungen treffen die am Informationsprozeß aktiv und passiv Beteiligten keineswegs gleichmäßig, sondern entsprechend gesetzlichen und faktischen Verschiedenheiten höchst unterschiedlich.

1.3 Zum Standpunkt der Forschung

Aus diesen Gründen kann es sich auch die wissenschaftliche Forschung nicht länger leisten, den Gang der Datenschutzgesetzgebung zu ignorieren. Ohne Zweifel zählt sie zu denjenigen Bereichen, die vom Datenschutz die empfindlichsten Belastungen und Einschränkungen erwarten müssen. Die empirische Forschung in nahezu allen wissenschaftlichen Disziplinen, von der Anthropologie über Psychologie, Soziologie, Geographie, Politik und Wirtschaftswissenschaft bis hin zu Medizin und Rechtswissenschaft, ist auf den Zugang zu den relevanten Daten angewiesen. Sie muß ihre Daten frei verarbeiten und mitunter langfristig speichern können. Nach Umfang und technischem Entwicklungsstand steht sie der Informationsverarbeitung in den Bereichen Verwaltungsvollzug und private Geschäftsabwicklung im Prinzip nicht nach. Schwerwiegende Konflikte sind deshalb zwangsläufig.

Abgesehen von der Medizin hat jedoch mit einer einzigen Ausnahme[14] keiner der betroffenen Forschungszweige seine Informationsinteressen klargestellt und entsprechende Forderungen an den Datenschutzgesetzgeber adressiert. Dies mag mit darauf zurückzuführen sein, daß sich die Wissenschaftslobby traditionell weitgehend auf ökonomische und organisatorische Fragen konzentriert, dürfte aber vor allem in der Annahme seinen Grund finden, daß der Da-

---

[13] So *E. Hölder* als zuständiger Abteilungsleiter im Bundesinnenministerium bei einer vom ZDF am 9. September 1973 ausgestrahlten Podiumsdiskussion.

[14] *Mark O. Karhausen* und *Paul J. Müller*, Stellungnahme zum EBDSG beim Hearing vom 7.–9. November 1972 in Bonn, vervielfältigtes Manuskript, insbesondere 13 ff, sowie *Paul J. Müller*, Memorandum: Social Bookkeeping als Social Science Data Base, unveröffentlichtes Manuscript, Universität Köln, Januar 1973. Beim Hearing des Innenausschusses wurde die Frage nur kurz gestreift, vgl Datenschutz/Meldegesetz, Sachverständigenanhörung, Gesetzestexte, zur Sache 5/74. Hrsg. *Presse- und Informationszentrum des Deutschen Bundestages*, insbesondere die Fragen der Abgeordneten *Vollmer* S 38, und *Gerster* S 107, sowie die Bemerkungen von *Wittkämper* S 24, 38, 39, 108 und *Simitis* S 38, 108. In der juristischen Diskussion wurde die Problematik verschiedentlich angesprochen, vgl etwa *Simitis* aaO (Anm 15), Fußn 39; *Podlech*, Datenschutz im Bereich der öffentlichen Verwaltung, DVR Beiheft 1, Berlin 1973, der das Problem nicht löst, wenn er in § 18 seines Gegenentwurfs die Informationsweitergabe zu wissenschaftlich für zulässig erklärt, wenn gesichert ist, daß Weitergabe und Auswirtung die schutzwürdigen Belange des Betroffenen nicht beeinträchtigen.

tenschutz die Interessen der Forschung nicht ernsthaft tangiere. Die darin liegende Fehleinschätzung samt ihren absehbaren forschungspolitischen Folgen aufzudecken und auf die Notwendigkeit einer intensiven Untersuchung der Zusammenhänge von wissenschaftlicher Informationsverarbeitung und Datenschutz hinzuweisen, ist das Ziel, das mit der nachfolgenden Analyse des Regierungsentwurfs eines Bundesdatenschutzgesetzes verfolgt wird[15].

Wer Datenschutz und Forschung miteinander konfrontiert, hat freilich mit gewichtigen Einwänden zu rechnen: Wird hier nicht schlicht eine neue Datenlobby formiert, die dazu beiträgt, den Schutz des einzelnen weiter zu schmälern? Wie kann ausgerechnet die Forschung Vorrechte beanspruchen, wo sie doch den Respekt vor der Privatsphäre des einzelnen am meisten vermissen läßt? Und wird dann nicht der Forscher zum Sesam-öffne-dich, dessen man sich nur zu bedienen braucht, um das tun zu dürfen, was einem selbst verboten ist?

Geht man von den vielfältigen Erscheinungsformen aus, in denen Forschung sich heute präsentiert, so schlagen diese Bedenken durch. Forschung ist nur noch zum geringeren Teil das, was der Hochschulwissenschaftler mit den ihm staatlich zugewiesenen Resourcen in autonomer Entscheidung über Gegenstand, Zielsetzung und Methode und unter alleiniger Verantwortung tut. Zum größeren und weiter zunehmenden Anteil ist die Forschung in den Zugriff der staatlichen und privaten „Konsumenten" ihrer Ergebnisse geraten. Zwischen der vergleichsweise milden Form der Einflußnahme durch Förderungsprogramme und der vollständigen Verfügung nichtwissenschaftlicher Instanzen über Forschung, wie sie in den Forschungseinrichtungen der Unternehmen, Verbände und Organisationen sowie in unselbständigen Staatsanstalten anzutreffen ist, gibt es zahlreiche Zwischenstufen, etwa in der Figur des Forschungsauftrags oder in der Form finanzieller Abhängigkeit formal selbständiger Einrichtungen[16]. Denkt man an Bereiche wie die staatliche und unternehme-

---

[15] Die Analyse beschränkt sich auf die Auswirkungen des Entwurfs auf die wissenschaftliche Forschung. Zielsetzung und Inhalt des Entwurfs im allgemeinen werden insbesondere aus rechtswissenschaftlicher bis gesellschaftspolitischer Sicht intensiv diskutiert; vgl dazu die von *Simitis*, Datenschutz – Notwendigkeit und Voraussetzungen einer gesetzlichen Regelung, DVR 2, 138ff (1973), und von *Dammann*, aaO (Anm 3) genannte Literatur sowie zuletzt *Auernhammer*, Der Regierungsentwurf eines Bundes-Datenschutzgesetzes, in: ÖVD 1974, 51 ff, 123 ff; *Auernhammer*, Die gesetzliche Regelung der Verarbeitung personenbezogener Daten im Dienste des Datenschutzes, in: IBM-Nachrichten, Heft 221, 167 ff; *R. Gesell*, Brauchen wir einen Bundesdatenschutzbeauftragten?, in: ÖVD 1974, S 147 ff; *D. Zimmermann*, Von der Diskussion um den Datenschutz zum Datenschutz durch Datenwahl und Datenorganisation, in: ÖVD 1974, 168 ff; Referate für das OECD-Seminar on Policy Issues in Data Protection – Concepts and Perspectives 24. – 26. Juni 1974 (Veröffentlichung vorgesehen); *Deutscher Juristentag* (Hrsg), Grundsätze für eine gesetzliche Regelung des Datenschutzes – Bericht der Datenschutzkommission; *Walter Schmidt*, Die bedrohte Entscheidungsfreiheit, in: JZ 1974, 241 ff, *Bühnemann*, Datenschutz im nichtöffentlichen Bereich, Berlin 1974 (DVR Beiheft 2).

[16] Vgl zB die Darstellung bei *Oppermann*, Kulturverwaltungsrecht, Tübingen 1969, S 412, zu den Problemen der Abhängigkeit siehe *Bull*, Staatlich geförderte Forschung in privatrechtlichen Institutionen, dargestellt am Beispiel der Hamburger Überseeforschungs-Institute, in: WissR 1971, 35 ff.

rische Planung, so wird darüber hinaus Zweifel laut, ob sich die Forschung überhaupt noch von praktischen Entscheidungs- und wirtschaftlichen Verwertungsprozessen unterscheiden läßt. Damit ist klar, daß der Datenschutzgesetzgeber engere Grenzen ziehen muß, als sie der Alltagsbegriff von Forschung setzt.

1.4 Zum Forschungsbegriff

Literatur und Rechtsprechung zum Forschungsbegriff des GG Art 5 Abs 3 bieten dafür keine Ansätze, ja scheinen ihre Zulässigkeit zu verneinen. Forschung wird definiert als eine auf die Ermittlung der Wahrheit[17] bzw die Gewinnung (neuer) Erkenntnisse[18] gerichtete Tätigkeit, die ernsthaft[19], planmäßig[20], denkend[21], methodisch[21] oder auch methodenkritisch[22] vorgeht[23]. Solange die Begriffe Erkenntnis, Wahrheit und Methode nicht spezifiziert werden, ist dies jedoch nur die Beschreibung rationalen Erkenntnisverhaltens schlechthin. Die Definition gibt deshalb auch keine Begründung für die – im Ergebnis durchaus einleuchtende – Grenzziehung zwischen angewandter Wissenschaft und Anwendung von Wissenschaft – hier wäre einzusetzen: angewandte Forschung und Anwendung von Forschungsergebnissen[24]. Weitere Einschränkungen kennt die hM nicht. Insbesondere zieht sie die hochschulexterne sowie die Auftragsforschung in den Schutzbereich mit ein[25]. Jedermann soll das Grundrecht in An-

---

[17] BVerfGE 35, 79 ff, 112 ff (niedersächsisches Vorschaltgesetz).

[18] *Knemeyer,* Lehrfreiheit, Bad Homburg 1969, S 26, *Hamann/Lenz,* Das Grundgesetz, 3. Aufl, Neuwied, Berlin 1970, Art 5 Anm 14, *v. Münch,* in: *v. Münch* (Hrsg), Grundgesetz-Kommentar, BD 1, Frankfurt 1974 Art 5 RdNr 64, *D. Küchenhoff,* Das Grundgesetz und die Hochschulreform, in: DÖV 1964, 603.

[19] BVerfG aaO, BVerwGE 23, 120

[20] BVerfG aaO

[21] *v. Münch,* aaO

[22] *D. Küchenhoff,* aaO, *Hamann/Lenz,* aaO

[23] Das Bundesverfassungsgericht (BVerfGE 35, 113) folgt der Definition des Bundesforschungsberichts III (BT-Drucks V/4335 S 4): „Geistige Tätigkeit mit dem Ziele, in methodischer, systemastischer und nachprüfbarer Weise neue Erkenntnisse zu gewinnen".

[24] *v. Mangoldt/Klein,* Das Bonner Grundgesetz, 2. Aufl Bd 1, Berlin/Frankfurt 1957, 255; das Argument, letzterer gehe das „eigene Streben nach Erkenntnis" ab, setzt offensichtlich einen qualifizierten, freilich nicht überzeugend explizierten Erkenntnisbegriff voraus. Wenn nämlich verlangt wird, daß der „zu erkennende Gegenstand in einem Ursachen- und Beziehungszusammenhang (hineingestellt wird)", so trifft dies auch auf eine medizinische oder eine Kraftfahrzeugdiagnose zu; soll dieser Zusammenhang aber „eine Zurückführung auf letzte Ursachen und Gründe (gestatten)" (S 256 im Anschluß an BFM BStBl 53 III/35), so dürften der Forschergemeinschaft wohl nur noch Philosophen und Theologen angehören. Immerhin wird eine wesentliche Dimension der Forschung deutlich: sie vollzieht sich im Rahmen einer Theorie, die jeder Teilhandlung, die als solche auch außerhalb der Forschung vorkommen könnte, einen bestimmten Stellenwert in einem umfassenderen Versuch der Beschreibung und Erklärung eines Gegenstandsbereichs verleiht. Es geht der Forschung also nicht unbedingt um letzte Wahrheiten, wohl aber um allgemeine, über den Einzelvorgang hinaus gültige und relevante Erkenntnisse.

[25] Vgl *Oppermann,* aaO (Anm 17) S 413, *Hamann/Lenz,* aaO, *v. Münch,* aaO RdNr 67.

spruch nehmen können[26]. Erst wenn die Unabhängigkeit hinter der Tendenz des Auftraggebers in den Hintergrund trete, sei der Bereich der Wissenschaft verlassen[27].

Versuche, den verfassungsrechtlichen Wissenschaftsbegriff mit Hilfe der Ergebnisse der Wissenschaftstheorie zu präzisieren, gibt es erst in ersten Ansätzen[28]. Ihnen steht die überkommene Auffassung im Wege, die gerade die wissenschaftstheoretische Enthaltsamkeit als oberste Tugend schätzt und annimmt, je weiter und unbestimmter der Wissenschaftsbegriff sei, um so größere Wirkung könne das Grundrecht entfalten und um so geringer sei die Gefahr eines Mißbrauchs des Wissenschaftsbegriffs als Instrument der Wissenschaftszensur; durch ein Definitionsverbot glauben manche, diese Gefahr endgültig bannen zu können[29]. Daß sich mit dieser Auflösung der Inhalt des Rechts zwangsläufig verflüchtigt, fällt nur deshalb nicht auf, weil die Diskussion, soweit sie nicht um die Hochschulverfassung kreist, nur wenig praktische Bezüge aufweist; wer sich etwa fragt, was der Forscher ohne das Grundrecht nicht dürfte, gerät in einige Verlegenheit.

Bei der Suche nach einem Wissenschaftsbegriff, der eine folgenreiche Inhaltsbestimmung gestattet, sollte man auf die Wissenschaftswissenschaften aber auch keine übertriebene Hoffnung setzen. Für die Wissenschaftstheorie ist der Forschungsbegriff (als Teil des Wissenschaftsbegriffs) zwar zentrales Thema. Das vorrangige Interesse gilt jedoch stets der Behauptung oder Durchsetzung des eigenen gegen konkurrierende Wissenschaftsverständnisse, während die Frage nach dem gemeinsamen Nenner aller Wissenschaft weitgehend zurücktritt. Bei der Übernahme der Kategorien und Ergebnisse des Theorienstreits in die verfassungsrechtliche Auseinandersetzung ist deshalb Vorsicht geboten. Dies gilt insbesondere für das Prädikat „unwissenschaftlich". Wird innerhalb der Theoriediskussion ein bestimmtes Vorgehen, ein Argument oder eine theoretische Konzeption als „unwissenschaftlich" bezeichnet, so liegt darin in aller Regel nicht der Versuch einer Ausgrenzung aus dem System Wissenschaft, sondern nur eine polemisch zugespitzte Abqualifikation theoretischer Gegenpositionen. Durch die Übersetzung in die rechtliche Kategorie „nicht-wissenschaftlich" würde sich der Staat mit einer der konkurrierenden Wissenschaftsrichtungen identifizieren und damit dem Gebot des GG Art 5 Abs 3, die Wissenschaft von staatlicher Intervention freizuhalten, zuwiderhandeln.

Auch Anleihen bei Wissenschaftsgeschichte und Wissenschaftssoziologie, wo

[26] BVerfGE 35, 112, die Auffassung *Köttgens,* Die Freiheit der Wissenschaft und die Selbstverwaltung der Universität, Die Grundrechte, Bd 2, 291 ff, 304, 306, nach der der Staat die Eigengesetzlichkeit der Wissenschaft nur deshalb und insoweit respektiert, als diese „auch anderweiten Abhängigkeiten entzogen" ist, hat sich nicht durchgesetzt, vgl *Mangoldt/Klein,* aaO, S. 256, *v. Münch,* aaO Art 5 RdNr 67; für eine Beschränkung auf das besondere Gewaltverhältnis plädiert neuerdings wieder *B. Schlink,* Das Grundgesetz und die Wissenschaftsfreiheit, in: Der Staat 1971, 244 ff (257).

[27] *Hamann/Lenz,* aaO

[28] *U. K. Preuß,* Legalität und Pluralismus, Frankfurt 1973, 183 ff, *Hauck/Lüthje:* Wissenschaftsfreiheit durch Mitbestimmung, Schriften der BAK Nr 9, Bonn 1970, S 11 f.

[29] Vgl BVerfGE 35, 168 (abweichende Meinung der Richter *Simon* und *Rupp-v. Brünneck).*

die Aufgabe einer auch konkurrierende Richtungen umfassenden Wissenschaftsdefinition deutlicher gesehen wird, haben nur begrenzten Wert. Zwar hat man dort eine Reihe von Standards bestimmen können, die für den wissenschaftlichen Erkenntnisprozeß relevant sind, doch hat sich auch gezeigt, daß sich kein zeitlich invarianter Satz solcher Standards angeben läßt, der wissenschaftliches von nur rationalem Verhalten unterscheidet[30]. Was (noch) Wissenschaft ist, kann nur vom jeweils erreichten Stand der Wissenschaft aus beantwortet werden. Der Forderung nach Autonomie des wissenschaftlichen Prozesses entspricht es, die Kompetenz, diesen Stand festzustellen und daraus Grenzen abzuleiten, der Wissenschaft selbst vorzubehalten. Deshalb ein Definitionsverbot für das Recht zu postulieren, hat aber nur dann Sinn, wenn sich die Wissenschaft über ihre Selbstabgrenzung eindeutig und zweifelsfrei artikuliert. Da aber gerade ungewiß ist, wer für die Wissenschaft sprechen darf, und ein Konsens kaum je besteht, ist nur zu fordern, daß die Auffassungen der Wissenschaft genau erforscht werden; im Konfliktfall kann aber nicht anders als juristisch entschieden werden.

Ansatzpunkte für eine restriktive Bestimmung von „Forschung“ haben sich nicht gezeigt. Aber auch wenn der Gesetzgeber grundsätzlich dem herrschenden extensiven Verständnis des Forschungsbegriffes folgen will, so hindert ihn das nicht daran, bei der Datenschutzgesetzgebung andere Wege zu gehen. Die bisherige Interpretation steht nämlich ganz unter dem Vorzeichen eines Verständnisses des Grundrechts als Abwehrrecht. Hier ist der weite Forschungsbegriff durchaus plausibel. Der wissenschaftliche Erkenntnisprozeß soll von staatlichen Eingriffen frei sein, gleichgültig in wessen Interesse er betrieben wird und wer über die Ergebnisse verfügt.

Datenschutzsonderregelungen zugunsten der Forschung betreffen eine ganz andere Konfliktlage. Der erweiterten Informationsspeicherungs- und -verarbeitungsfreiheit, der Einschränkung der Kontrollmechanismen und dem bevorrechtigten Zugang zu Informationsquellen entsprechen jeweils Belastungen und Gefährdungen der betroffenen Individuen, die im einzelnen legitimiert werden müssen. Dies ist von vornherein nur auf der Basis eines gegenüber der herrschenden Interpretation erheblich eingeschränkten Forschungsbegriffs möglich. Dieser muß zum einen gewährleisten, daß die verbesserten Möglichkeiten wirklich nur der Wissenschaft und nicht irgendwelchen dahinter stehenden Mächten zugute kommen. Zum anderen muß er im Zusammenwirken mit den sachlichen Regelungen die Forschungstätigkeit so erleichtern, daß davon ein die begrenzte Verkürzung der Schutzrechte des einzelnen rechtfertigender gesellschaftlicher Nutzen zu erwarten ist. Bei alledem darf die Regelung nicht wissenschaftstheoretisch und -politisch parteilich ausfallen und dadurch den wissenschaftlichen Prozeß einseitig beeinflussen. Die gesellschaftliche Nützlichkeit darf deshalb nicht materiell, als Funktion des Wertes der im konkreten Fall zu erwartenden Ergebnisse, sondern nur formell, dh durch Aufstellung institutio-

[30] *Böhme/van den Daele/Krohn,* Alternativen in der Wissenschaft, in: *W. Pohrt* (Hrsg), Wissenschaftspolitik – vom wem, für wen, wie? München 1973, S 7 ff (25).

neller Bedingungen, bestimmt werden. Diese werden insbesondere in zwei Dimensionen zu suchen sein. Die erste ist die durch den Status des Forschers, der Forschungseinrichtung und des konkreten Projekts sich ergebende Unabhängigkeit von wissenschaftsfremden Zielvorgaben. Die zweite betrifft die Verfügung über die Forschungsergebnisse. Hier ist zu entscheiden, ob die öffentliche Zugänglichmachung und Verwertung gesichert sein muß, oder ob die Erleichterungen auch genießen soll, wer eine solche Sozialpflichtigkeit nicht anerkennt. In beiden Richtungen ist noch vieles klärungsbedürftig. Daß es aber ohne einen adäquaten engeren Forschungsbegriff nicht geht, wird die nachfolgende Durchsicht des Gesetzentwurfs zeigen.

2 Konsequenzen des EBDSG für die Forschung

Die Vorschriften des Entwurfs eines Bundesdatenschutzgesetzes[31] berühren die Forschung in zweierlei Hinsicht. Sie belegen die Informationsverarbeitung der Forschung mit bestimmten Pflichten (2.1), und sie regulieren den Zugang der Forschung zu Informationsbeständen in privater und öffentlicher Hand (2.2).

2.1 Datenschutzpflichten der Forschung

2.1.1 Schutzbereich

Die Informationsverarbeitung im Rahmen der Forschung und Wissenschaft wird zunächst vom Gesetz nur insoweit erfaßt, als es sich um personenbezogene Daten, dh Angaben über bestimmte oder bestimmbare natürliche Personen (§ 3 Abs 1) handelt, welche in einer Datei gespeichert und sonst verarbeitet werden und überdies für die Weitergabe an Dritte bestimmt sind (§ 2 Abs 1). Eine Datei ist sinngemäß definiert als gleichartig aufgebaute Sammlung von Daten, welche nach mindestens zwei Merkmalen sortierbar ist, ohne Rücksicht, ob die Verarbeitung automatisch oder konventionell erfolgt. Akten, Aktensammlungen und Bücher sind aus dem Dateibegriff ausgeschlossen. Danach fallen unter den Datenschutz insbesondere Daten in Dateien und Karteien, aber auch in Sammlungen von Fragebögen, Formularen sowie systematische Aufzeichnungen, sofern nur der Datenbestand in der Weise organisiert ist, daß er nach zwei verschiednen Merkmalen sortiert werden kann. Dasselbe dürfte auch für Aufzeichnungen von Interviews und Berichte gelten, wenn nur mindestens zwei Merkmale an feststehender Stelle vermerkt sind; unschädlich wäre dagegen, wenn der wesentliche Inhalt in freiem Fließtext abgefaßt ist. Auch Daten ohne Identifizierungsmerkmale (Name, Adressen, Personenkennzeichen) und sogar aggregierte Daten fallen in den Schutzbereich, soweit die betroffenen Personen — auch mit Hilfe von Zusatzinformation — dennoch bestimmbar sind. Ob auch eine nur wahrscheinliche Bestimmung genügt, ist Auslegungsfrage. Unter Weitergabe wird jedes Bekanntgeben durch die speichernde Stelle an eine andere Stelle oder Person verstanden (§ 3 Abs 2 S 4). Zur Weitergabe bestimmt sind die Daten also dann, wenn sie dem Auftraggeber oder einer sonstigen Stelle

[31] Eine rasche Übersicht über den Inhalt des Entwurfs bietet die schematische Darstellung bei *Dammann:* ÖVD 1974, 33 ff.

außerhalb des Forschungsinstituts selbst weitergegeben oder derart in ein Archiv eingebracht werden sollen, daß nicht nur der Forscher oder das Forschungsinstitut selbst Zugang zu diesen Daten hat.

Aus dem Schutzbereich ausgenommen sind Daten aus allgemein zugänglichen Quellen, zB öffentlichen Registern oder Publikationen, sowie Daten, die von der Presse, dem Rundfunk, dem Film und deren Hilfsunternehmen zu publizistischen Zwecken gespeichert werden (§ 2 Abs 2). Die Absicht, Daten oder Ergebnisse in einer den wissenschaftlichen Standards entsprechenden Form zu veröffentlichen, reicht hierzu nicht aus. Dagegen sind die publizistischen Hilfsmittel wissenschaftlicher Fachverlage, Redaktionen usw vom Datenschutz ausgenommen.

2.1.2 Anwendungsbereich und Datenschutzpflichten im öffentlichen Sektor

Im Bereich der öffentlichen Verwaltung gelten die Vorschriften für die Behörden und sonstigen öffentlichen Stellen des Bundes, der bundesunmittelbaren Körperschaften, Anstalten und Stiftungen des öffentlichen Rechts sowie für Vereinigungen solcher Körperschaften, Anstalten und Stiftungen, und zwar unabhängig davon, auf welchem Gebiet und in welcher Rechtsform diese sich bestätigen (§ 5 Abs 1). Die innerhalb der Bundesverwaltung, der Bundeswehr, der Bundesbahn und -post und der diversen Bundesanstalten betriebene Forschung wird damit von den Vorschriften des 2. Abschnitts erfaßt.

Auf die öffentliche Verwaltung der Länder und Kommunen ist das Gesetz nur insoweit anzuwenden, als diese Bundesrecht ausführen (§ 5 Abs 1). Dieses Merkmal wird bei Forschungstätigkeiten kaum je gegeben sind. Allenfalls bei der Durchführung von Bundesstatistiken durch die Statistischen Landesämter könnte man von einer gesetzesausführenden Forschung sprechen. Im übrigen mag die Forschung durch Bundesrecht veranlaßt sein oder die Anwendung von Bundesrecht zum Gegenstand haben; daß ein Gesetz eine Forschungsaufgabe so genau umschreibt, daß die Forschung nur noch Gesetzesausführung ist, läßt sich schwer vorstellen. Der gesamte Bereich der Hochschulforschung liegt daher außerhalb des Gesetzes. Insoweit können allerdings die Datenschutzvorschriften der Länder[32] eingreifen.

Verwaltungsträger können sich ihrer Datenschutzpflichten nicht dadurch entledigen, daß sie andere Stellen mit der Durchführung von Forschungsprojekten oder Teilen davon beauftragen (§§ 5 Abs 3 S 1, 16 Abs 2). Sie können ihre Verantwortung also zB nicht auf Forschungsinstitute oder EDV-Service-Unternehmen abwälzen.

Für jede Phase der Datenverarbeitung stellt der Entwurf Zulässigkeitsvoraussetzungen auf. Die Speicherung ist zulässig bei Zustimmung des Betroffenen, aufgrund einer Rechtsvorschrift – abgesehen von der amtlichen Statistik dürfte es nur wenige oder keine derartigen Ermächtigungen geben – und im Rahmen rechtmäßiger Erfüllung der in der Zuständigkeit der speichernden Stelle liegenden Aufgaben (§ 2 Abs. 3, § 6). Die Anwendung dieser Klausel ist insofern

---

[32] Vgl die in Anm 3 genannte Aufstellung.

schwierig, als es in der Regel keine besonderen Forschungszuständigkeiten gibt. Die Zuständigkeit für eine Aufgabe des Verwaltungsvollzugs deckt jedoch auch eine Umsetzung der Vollzugsdaten und ihre Speicherung in für die wissenschaftliche Auswertung geeigneten Forschungsdateien mit ab, wenn die Forschung unmittelbar der Unterstützung der betreffenden Verwaltungsaufgabe dient. Eine der Verwaltungsaufgabe immanente Forschungszuständigkeit läßt sich aus der Pflicht zu effektiver und wirtschaftlicher Aufgabenerledigung ableiten; die Verantwortlichkeit des Aufgabenträgers für die Folgen seines Verwaltungshandelns und seine Pflicht zur Anpassung von Programm und Organisation an sich ändernden Bedingungen können ebenfalls Forschungsaufgaben begründen. Eine Grenze liegt dort, wo der Forschungszweck über den konkreten Verwaltungsauftrag hinausgreift. Praktische Bedeutung hat diese Regelung insbesondere für die Ressortforschung des Bundes, die meist durch Bundesanstalten, aber auch unmittelbar in den Ministerien betrieben wird[33].

Die Weitergabe von Daten an andere Verwaltungsstellen sowie an öffentlich-rechtliche Religionsgesellschaften ist „im Rahmen rechtmäßiger Erfüllung der in der Zuständigkeit des Empfängers liegenden Aufgaben zulässig" (§ 7 Abs 1 S 2, Abs 2). Nach offizieller Vorstellung „gewährleistet (diese Bestimmung), daß der zwischen den Behörden und Stellen aller öffentlichen Bereiche geübte Datenaustausch, der sich in der Vergangenheit bewährt und als für die Wirksamkeit der öffentlichen Verwaltung notwendig erwiesen hat, durch das Gesetz nicht eingeschränkt werden soll (?), sofern die Zulässigkeitsvoraussetzungen erfüllt sind"[34]. Im Klartext muß das wohl heißen: an der bestehenden Praxis, soweit sie bislang als rechtmäßig gilt, soll sich nichts ändern.

Reduziert schon diese Zielbeschreibung den Datenschutz auf null – darüber vermag die eigentümliche verklausulierte Formulierung nicht hinwegzutäuschen –, so verschlechtert die Vorschrift selbst sogar den datenschutzrechtlichen Status quo. Die Grenzen der Zuständigkeit und der Rahmen rechtmäßiger Aufgabenerfüllung des Empfängers lassen die Befriedigung jeglichen Informationsinteresses zu, für das auch nur eine einigermaßen plausible – praktisch ohnehin kaum überprüfbare – Begründung gegeben werden kann; notwendig braucht die Datenkenntnis jedenfalls nicht zu sein, sonst hätte man es bei der früheren[35] und im Entwurf eines Bundesmeldegesetzes beibehaltenen Formulie-

---

[33] In den für die Forschung relevanten Punkten besteht in der Sache weitgehend Übereinstimmung. Überdies besteht ein Sachzwang zur Harmonisierung von Bundes- und Landesdatenschutzrecht. Einige Länder haben entsprechende Absichten bereits erklärt.

[34] Gesetzesbegründung zu § 7; Klammerzusätze von mir.

[35] § 7 Abs 1 S 1 idF des Referentenentwurfs vom 9. März 1972. Zur Begründung verweist *Auernhammer,* Dokumentation (Anm 6) S 181, auf nicht näher spezifizierte Verwaltungsbehörden, die die Änderung „dringend gefordert" und „geltend gemacht (hätten), daß das Merkmal der Erforderlichkeit ... zu Auslegungsschwierigkeiten und Mißverständnissen führen könnte", zumal die Verwaltungsaufgaben nicht immer gesetzlich festgelegt seien. Gesucht wird also offenbar nicht ein angemessener Grad der einschränkenden Wirkung, sondern eine Formulierung, die den Status quo am besten vor Restriktionen des Datenschutzes bewahrt.

rung[36] belassen können[37]. Entscheidend aber ist, daß die Regelung das Informationsinteresse der anfragenden Behörde absolut setzt und damit – abgesehen vom Fall spezialgesetzlich geschützter Geheimnisse – an den teilweise verfassungsrechtlich geschützten Interessen des Betroffenen und der Schutzbedürftigkeit seiner Kommunikationsbeziehung mit der abgebenden Behörde schlicht vorbeigeht. Der Entwurf fällt damit hinter die Rechtsprechung zu den persönlichkeitsrechtlichen Einschränkungen der Amtshilfe zurück: die Scheidungsakten[38] – angenommen sie fielen unter das Datenschutzgesetz – könnten wieder wandern, wenn sich nicht Instanzen finden, die den grundrechtlich verbürgten Datenschutz zur korrigierenden verfassungskonformen Auslegung heranziehen.

Für die Forschung ergeben sich fatale Folgen: im beschriebenen Rahmen dürfen alle nicht durch spezielle Geheimnisvorschriften geschützten Daten, unabhängig von Inhalt, Herkunft und Zweckbestimmung, also auch solche, die Gegenstand der Forschung sind (Forschungsdaten), zwischen allen öffentlichen Stellen ausgetauscht werden. Die informatorische Amtshilfe, deren Fortexistenz die Vorschrift angeblich nur ermöglichen soll, ist indessen unbestritten auf solche Daten beschränkt, die öffentlichen Stellen in ihrer Eigenschaft als Träger staatlich-öffentlicher Aufgaben im unmittelbaren Zusammenhang mit deren Erfüllung zur Verfügung stehen; auf Daten aus Beständen, die eine – aus welchen Gründen auch immer – öffentlich rechtlich verfaßte Einrichtung im Rahmen nicht-staatlicher Funktionen unterhält, erstreckt sich die Amtshilfe nicht. Dies trifft insbesondere für den gesamten wissenschaftlichen Bereich der Hochschulen zu[39]. Der Entwurf setzt nicht, wie man erwarten muß, an diesen Schranken der Amtshilfe an und baut sie unter Datenschutzgesichtspunkten aus; er legt diese im Gegenteil zugunsten einer tendenziell unbegrenzten Amtshilfebefugnis nieder[40]. So wäre es unter § 7 Abs 1 S 2 beispielsweise zulässig, wenn eine öffentlich-rechtlich organisierte Forschungseinrichtung ihre zu Forschungszwecken erhobenen und gespeicherten Daten Finanzämtern, Polizeibehörden, öffentlich-rechtlichen Dienstherren und Arbeitgebern, der Wehrverwaltung oder auch einer Kirchenverwaltung [41] zur Verfügung stellt. Daß dies aus der Sicht der Betroffenen wie auch forschungspolitisch absolut inakzeptabel ist,

[36] Bundestags-Drucks 7/1059 § 17 Abs 1.

[37] Die Kritik ist allgemein, vgl *Podlech* (Anm 14) S 11, 55, *Schimmel/Steinmüller*, in: *Dammann/Karhausen/Müller/Steinmüller* (Anm 12) S 20 f, *Simitis* (Anm 15) S 153 Fußn 47, sowie zu der Parallelregelung im Entwurf eines Bundesmeldegesetzes, *Dammann*, in: *Dammann/Karhausen/Müller/Steinmüller* (Anm 12) S 20 f, *Dammann*, Zum Datenschutz im Einwohnerwesen, in: ÖDV 1972, 69 ff.

[38] BVerfGE 27, 344 ff.

[39] Ebenso für einen Teil der Funktionen der Rundfunkanstalten, der Ärzte- und Rechtsanwaltskammern und der Handwerksinnungen, vgl *Martin Dreher*, Die Amtshilfe, Göttingen 1959, S 56 ff, 68 ff, 74 ff.

[40] Mit weitergehender Kritik *W. Schmidt* (Anm 15) S 249.

[41] Wenn § 7 Abs 2 die Weitergabe an diese „wie die Datenweitergabe an Behörden" erlaubt, gibt in Wirklichkeit noch mehr, da die Kirchen ihre „Zuständigkeiten" und die Art und Weise der Erfüllung ihrer „Aufgaben" selbst definieren und somit auch die Bestimmung ihres Bedarfs selbst in der Hand haben.

bedarf keiner näheren Begründung. Eine Verletzung der Forschungsfreiheit des GG Art 5 Abs 3 liegt zwar nicht vor, weil der Forscher zur Datenweitergabe nur ermächtigt, nicht verpflichtet wird. Da eine solche Ermächtigung, wenn sie im Rahmen eines Datenschutzgesetzes erfolgt, die normative Aussage impliziert, daß die (Datenschutz-)Rechte des Betroffenen der Weitergabe nicht entgegenstehen, ist jedoch das Persönlichkeitsrecht in seinem Kernbereich eingeschränkt und deshalb eine Verletzung der GG Art 2 Abs 1, 1 Abs 2 gegeben. Der Schutz des Betroffenen, ebenso wie das wohlverstandene Forschungsinteresse an einem vor staatlichem Einblick abgeschirmten Kommunikationsprozeß, verlangen eine Datenschutzregelung, die den Informationsverbund zwischen Forschung und Staatsfunktionen verbietet. Dieses Prinzip, das etwa nach dem Vorbild des Statistikgeheimnisses[42] in Form eines Forschungsdatengeheimnisses realisiert werden könnte, hätte nicht nur für die organisatorisch verselbständigte Forschung zu gelten, sondern ebenso für diejenige Forschung, die durch Träger staatlicher Aufgaben, zB im Rahmen staatlicher Planung, betrieben wird.

Eine Weitergabe von Daten an Private läßt der Entwurf außer bei Zustimmung und aufgrund von Rechtsvorschriften zu, soweit dies im Rahmen rechtmäßiger Aufgabenerfüllung liegt oder soweit der Empfänger ein berechtigtes Interesse glaubhaft macht und schutzwürdige Belange des Betroffenen durch die Weitergabe nicht beeinträchtigt werden (§ 8 Abs 1 S 2)[43]. Für die Forschung dürfte nur die letzte Alternative Bedeutung haben. Sie stellt wegen der geringen Präzision der Tatbestandsmerkmale für den Betroffenen ein erhebliches Risiko dar, das sich in Form geringer Kooperationsbereitschaft für die Forschung nachteilig bemerkbar machen wird. Auch insoweit dürfte die Etablierung eines Forschungsdatengeheimnisses die für alle Beteiligten bessere Lösung sein.

Eine Privilegierung der wissenschaftlichen Datenauswertung bringt § 12 Abs 3. Danach können für die Aufgabenerfüllung nicht mehr benötigte und deshalb gesperrte, dh einem Nutzungsverbot unterliegende Daten zu – nicht näher definierten – wissenschaftlichen Zwecken weiterhin verwendet werden. Der Grundsatz, vom Vollzugszweck her obsolet gewordene Daten nicht zu löschen, sondern nur besonders zu kontrollieren, geht auf berechtigte Einwände von Vertretern der empirischen Sozialforschung zurück[44].. Bei der nun gefundenen Lösung kommt allerdings das Interesse des Betroffenen zu kurz. Weder für das Unterlassen einer gebotenen Sperre noch für die verbotene Nutzung gesperrter Daten sind Sanktionen vorgesehen; die Sperrpflicht ist sehr vage; die Nutzungserlaubnisse sind überaus weit und nicht minder vage gefaßt, und eine Kontrollmöglichkeit besitzt weder der Betroffene noch ist dafür eine unabhängige In-

[42] Dazu näher *Dammann*, Der Zugang der Forschung zur amtlichen Statistik – Statistikgeheimnis und Forschungsdatengeheimnis, Paper für die Arbgem. „Forschung im Konflikt mit Recht und Ethik", Zentrum für interdisziplinäre Forschung, Univ. Bielefeld, 21.–23. März 1974.

[43] Zur Kritik der Spezialregel des § 8 Abs 1 S 1 für Daten, die einem Berufs- oder besonderen Arztgeheimnis unterliegen, vgl *Hessischer Datenschutzbeauftragter*, Dritter Tätigkeitsbericht, Landtags-Drucks 7/5146, S 19.

[44] *Mark O. Karhausen* und *Paul J. Müller*, (Anm 12) S 13 f.

stanz vorgesehen[45]. Ein Argument gegen die Privilegierung des Forschungszweckes ist daraus aber nicht herzuleiten. Gute Forschungsinformationen und wirksamer Datenschutz lassen sich mit Hilfe des Mechanismus einer Sperre durchaus vereinbaren, wenn man die Kontrolle über gesperrte Daten einem unabhängigen Treuhänder überantwortet.

Die Rechte der Betroffenen auf Auskunft, Berichtigung und Löschung bestehen nach dem Entwurf in bezug auf Daten der verwaltungsinternen Forschung im gleichen Umfang wie im Bereich des Aufgabenvollzugs. Ob der Schutz des Individuums dies gebietet, mag zweifelhaft sein. Den erheblichen Belastungen, die überdies dem Datenschutz zuwiderlaufen können – zB der Zwang zur Speicherung vollständiger Namen und Anschriften –, steht keinerlei Nutzen für die Forschung gegenüber: da größere Fehlerquoten ohnehin einkalkuliert werden müssen, steigern einzelne Korrekturen nicht die Qualität des Datenbestandes. Auch der Schutzzweck der individuellen Kontrolle, einer möglichen Verwendung falscher oder unzulässig gespeicherter Daten vorzubeugen, greift bei Forschungsdaten jedenfalls dann ins Leere, wenn das Prinzip der absoluten Trennung von Forschungs- und Verwaltungsbereich beachtet und damit die Verwenudng von Forschungsdaten in einem individuellen Verwaltungsverhältnis ausgeschlossen ist[46].

2.1.3 Anwendungsbereich und Datenschutzpflichten im privaten Sektor

2.1.3.1 Datenverarbeitung für eigene Zwecke

Der dritte Abschnitt gilt für natürliche oder juristische Personen, Gesellschaften und andere Personenvereinigungen des privaten Rechts, soweit sie personenbezogene Daten als Hilfsmittel für die Erfüllung ihrer Geschäftszwecke oder Ziele in Dateien speichern und sonst verarbeiten (§ 16). Zu den „Zielen" gehört ohne weiteres auch die Gewinnung wissenschaftlicher Erkenntnisse, und zwar unabhängig vom Grad der Anwendungsbezogenheit. Eine gewerbsmäßige oder geschäftsmäßige Form der Betätigung ist nicht erforderlich. Die Vorschriften gelten deshalb grundsätzlich für alle wissenschaftlichen Einrichtungen privatrechtlicher Organisationsform und für alle Einzelforscher. Die Anwendung des Gesetzes kann nur aus allgemeinen, oben unter 2.1.1 erörterten Gesichtspunkten des Schutzbereichs entfallen, etwa weil die Daten nicht zur Weitergabe bestimmt sind.

Die Speicherung ist wiederum zulässig bei Zustimmung des Betroffenen sowie aufgrund besonderer Rechtsvorschriften, wofür jedoch keine Beispiele ersichtlich sind. Von eher geringer Bedeutung dürfte auch das Recht zur Speicherung im Rahmen der Zweckbestimmung eines Vertrags- oder Vertrauensverhältnisses sein. Die Beratungs- und Dienstleistungsverhältnisse des medizinisch-psy-

---

[45] Vgl *Simitis,* aaO (Anm 15) Fußn 42. Vgl die Parallelvorschriften § 21 Abs 3, § 27 Abs 4, § 28 Abs. 1.

[46] Der Entwurf enthält noch eine Anzahl weiterer Datenschutzinstrumente, wie zB eine Regelung der Datenveränderung (§§ 2 III, 9), eine Verpflichtung zu Maßnahmen der Datensicherung (§ 4) sowie Vorschriften zur Publizität (§ 10), die jedoch bei vorläufiger Betrachtung keine spezifische Bedeutung für die Forschung zu haben scheinen und deshalb hier nicht behandelt werden.

chologisch-pädagogischen Bereichs jedenfalls lassen eine Einfügung von Daten in forschungsspezifische, d. h. nach ihrer ganzen Anlage mehr als nur dem individuellen Zweck dienenden Dateien – abgesehen vom Fall einer Zustimmung – nur dann zu, wenn die Forschungsbezogenheit ähnlich wie bei einer Universitätsklinik für den Betroffenen offensichtlich ist. Schließlich wird im Gesetz der allgemeine Rechtfertigungsgrund der Wahrnehmung berechtigter Interessen als Rechtsgrundlage für die Datenspeicherung anerkannt (§ 2 Abs 3, § 17). Bei der Interessenbewertung ist die in GG Art 5 Abs 3 zum Ausdruck kommende Wertentscheidung zu beachten.

Als zusätzliche Voraussetzung zu den beiden letztgenannten[47] Speicherberechtigungen verlangt das Gesetz, daß kein Grund zur Annahme besteht, daß schutzwürdige Belange des Betroffenen durch die Speicherung beeinträchtigt werden (§ 17). Dies setzt eine differenzierte Interessenanalyse und -abwägung voraus, bei der die grundrechtlich geschützten Positionen beider Seiten zu beachten sind. Insbesondere der Grad der Angewiesenheit des konkreten Forschungsprojekts auf die Speicherung der Daten in nicht anonymisierter Form ist hierbei kritisch zu überprüfen, ebenso etwa der Grad der angesichts getroffener Sicherungsmaßnahmen noch bestehenden Mißbrauchsgefahr. Bei der Methode der verdeckten, dem Probanden als solcher nicht erkennbaren Forschung beeinträchtigt die Datenspeicherung dessen schutzwürdige Belange schon deshalb, weil sie ihn der Chance der Einflußnahme auf die Datenentstehung beraubt. Der Forscher hat dann nur die Möglichkeit, die Daten in wirksam anonymisierter Form zu speichern. Je nach den speziellen Umständen kann aber für eine kurze Zeitspanne auch eine vorübergehende Speicherung der Originaldaten zulässig sein, etwa wenn sie nach Abschluß der Datengewinnung ohnehin anonymisiert oder nur aufgrund einer dann einzuholenden Zustimmung des Betroffenen weiter aufbewahrt werden sollen.

Die Weitergabe ist aus den gleichen rechtlichen Gründen zulässig, darüber hinaus auch zur Wahrnehmung von Drittinteressen, soweit schutzwürdige Belange des Betroffenen nicht beeinträchtigt werden (§ 2 Abs 3, § 18). Auch hier erhebt sich die Frage, ob damit ein ausreichender Probandenschutz gewährleistet ist. Im beschränkten Rahmen des wirtschaftlichen Informationsverkehrs mag diese Klausel durchaus einleuchten. Die generelle Formulierung produziert jedoch eine generelle, für den Betroffenen nicht mehr absehbare Gefahr. Forschungsdaten sind ein Beispiel für solche Datenbereiche, die einen gesetzlichen Schutz brauchen, der nicht aufgrund einer bloßen Interessen- und Zweckabwägung durchbrochen werden kann. Erneut zeigt sich, wie notwendig die Begründung eines Forschungsdatengeheimnisses ist; es muß unabhängig von der öffentlich- oder privatrechtlichen Organisation des Forschungsträgers gelten. Auch im privaten Sektor sind in bezug auf Daten, die ausschließlich Forschungszwecken dienen, individuelle Kontrollrechte nicht zwingend erforderlich, vorausgesetzt, daß wirksame Sicherungen gegen die Zweckentfremdung der Daten bestehen.

[47] Die Form „a oder b und c" ist logisch zweideutig; der Normzweck verlangt die Lesart "(a oder b) und c".

2.1.3.2 Geschäftsmäßige Datenverarbeitung für Dritte

Der 4. Abschnitt bezieht sich u. a. auf Stellen, die geschäftsmäßig personenbezogene Daten zum Zweck der Veränderung in Dateien speichern und die Daten derart verändern, daß sie sich weder auf eine bestimmte Person beziehen, noch eine solche erkennen lassen (anonymisieren), und sie in dieser Form weitergeben (§ 23 Nr 2). Der typische Fall in diesem Bereich sind die Markt- und Meinungsforschungsinstitute, wobei es nicht darauf ankommt, ob man ihre Tätigkeit als Forschung iS von GG Art 5 Abs 3 qualifiziert. Wissenschaftliche Forschungstätigkeit kann unter diesen Abschnitt fallen, sofern man nicht von einem mit dem Merkmal der Geschäftsmäßigkeit unverträglichen Non-Profit-Charakter der wissenschaftlichen Forschung ausgeht.

Als spezifische Datenschutzvorkehrung ordnet § 28 die Anonymisierung nach Zweckerfüllung, spätestens aber fünf Jahre nach der Einspeicherung an. Die Anfertigung und Aufbewahrung von Verknüpfungsdateien, über die die anonymisierten Daten wieder identifizierbar gemacht werden können, ist jedoch zulässig. Ihre Verwendung ist ua für wissenschaftliche Zwecke erlaubt (§ 28 Abs 1 S 3). Auch diese Regelungen dürften eher an einem Zuwenig an Probandenschutz als an einer Behinderung der Forschungstätigkeit kranken. Individuelle Datenschutzrechte sind in diesem Bereich nicht eingeräumt worden[48].

2.1.4 Kritik

Der Entwurf behandelt die Forschung nicht als einen besonderen Bereich der Informationsverarbeitung, sondern unterwirft sie teils den für die öffentliche Verwaltung, teils den für den privaten Sektor geltenden Vorschriften. Weder diese Unterscheidung noch die jeweilige Gleichbehandlung ist sachlich angemessen. Zwar soll auch nicht übersehen werden, daß bei der Anwendung der zahlreichen Generalklauseln Spielraum für eine positive Bewertung der Zwecke wissenschaftlicher Forschung besteht. Diese Differenzierungsmöglichkeiten reichen jedoch nicht aus. Die Bereitschaft der Gesetzesanwender, insbesondere der Gerichte, je nach Zielsetzung des Informationsverarbeiters ganz unterschiedliche Bewertungskriterien heranzuziehen, ist begrenzt. Besteht schon generell eine Präferenz für die einheitliche Auslegung von Generalklauseln, so bieten weder die überkommene Doktrin des Persönlichkeitsrechts noch die Vorschriften des Entwurfs geeignete Ansatzpunkte für substantielle Differenzierungen. Die Ausfüllung der Generalklauseln entsprechend den Wertentscheidungen der Verfassung ist zwar möglich und als verfassungskonforme Auslegung durchaus geboten. Da sich jedoch meist beide Seiten auf grundrechtliche Positionen berufen können, bestehen hierfür wenig günstige Aussichten, zumal wenn man die weitverbreitete Neigung mit in Rechnung stellt, anstelle komplizierter verfassungsrechtlicher Erwägungen „zunächst einmal die Gesetze" anzuwenden.

Natürlich kann die Forschung den Restriktionen und Belastungen ihrer Informationsverarbeitung seitens des Datenschutzes durch Anonymisierung aus dem Weg gehen. Wegen der methodischen Mannigfaltigkeit in der Sammlung, Spei-

---

[48] Auf eine Analyse der sonstigen Datenschutzregelungen wird auch hier verzichtet.

cherung und Auswertung von Daten kann darin jedoch keine allgemeine Lösung des Problems gesehen werden[49]. Eine den Zielen des Datenschutzes wie den Bedürfnissen der Forschung gerecht werdende und praktikable Lösung könnte jedoch darin liegen, die individuellen Kontrollrechte nicht erst bei vollwirksamer Anonymisierung, sondern schon dann zu suspendieren, wenn der Datenbestand durch entsprechende Maßnahmen so verändert ist, daß die Gewinnung von Informationen über bestimmte Einzelpersonen erheblich erschwert und/oder die Informationen mit einer erheblichen Fehlerwahrscheinlichkeit belastet werden. Das dabei noch verbleibende, aus dem Fehlen individueller Kontrollrechte resultierende Restrisiko dürfte bei der Forschung, wie auch bei anderen Funktionen, die die Daten nicht ad personam einsetzen[50], im Hinblick auf den Nutzen tragbar sein. Soweit die Forschung eine sichere Identifizierung benötigt, sollte eine Freistellung von individueller Kontrolle nur aufgrund zusätzlicher, näher zu spezifizierender Mißbrauchsicherungen erfolgen, die möglicherweise in einem speziellen Verfahren zu überprüfen wären[51].

2.2 Regulierung des Zugangs der Forschung zu gespeicherten Daten

In vielen Disziplinen beschränkt sich die Forschung nicht auf Daten, die sie selbst erhebt oder erheben läßt, sondern greift, nicht zuletzt aus finanziellen Gründen, auf bereits vorhandene Informationsbestände zurück. Je nach dem Forschungsgebiet können sich geeignete Informationsresourcen bei anderen Forschungseinrichtungen, bei der öffentlichen Verwaltung oder auch bei Wirtschaftsunternehmen, Verbänden und sonstigen privaten Einrichtungen oder Personen befinden. Datenschutzvorschriften, die die Weitergabe solcher Daten durch ihre Besitzer reglementieren, haben für die Forschung den Charakter von Zugangsregulativen. Den Weitergabeerlaubnissen und -verboten des Entwurfs eines Bundesdatenschutzgesetzes entsprechen eingeräumte oder versagte Zugangschancen der Forschung. Zugangsrechte werden dagegen in keinem Fall begründet.

Welche Daten überhaupt der Forschung zur Verfügung stehen können, hängt zunächst von den Vorschriften über die Zulässigkeit der Speicherung ab. Schon darin können bedeutende Restriktionen liegen. Geht aber das Betroffeneninteresse dem Interesse an der Speicherung vor, so bildet das Zugangsinteresse der Forschung keinen hinreichenden Grund, dennoch die Speicherung zu erlauben.

---

[49] Vgl. *Paul A. Müller,* Datenschutz und Sicherung der Individualdaten der empirischn Sozialforschung, in: DSWR 1974, 2 ff, *Jan Schlörer,* Schnüffeltechniken und Schutzmaßnahmen bei statistischen Datenbank-Informationssystemen mit Dialogauswertung, Materialien Nr 29 der Abteilung für Med. Statistik, Dokumentation und Datenverarbeitung der Universität Ulm, 1974.

[50] Zur ähnlich gelagerten Problematik bei Planungsinformationssystemen vgl *Dammann,* Datenschutz und Zugang zu Planungsinformationssystemen, Beiträge zum Datenschutz, Nr 1, herausgegeben von *W. Birkelbach,* Hessischer Datenschutzbeauftragter, Wiesbaden 1974.

[51] In Norwegen ist ein Verfahren zur Ministeriellen Autorisierung von Forschungsprojekten zum Zugang zum Statistischen Zentralbüro vorgeschlagen worden, vgl *Ministry of Social Affairs,* Inn stilling om taushets- og oppslysningsplikt i den sosiale forvaltning og skole forvaltningen, Oslo 1971, zitiert nach *Knut S. Selmer,* aaO (Anm 2) No 37.

Bei der Frage, ob ein Besitzer von Daten diese wissenschaftlich auswerten darf, wenn er sie zu anderen Zwecken erhalten hat, handelt es sich nicht um eine Zugangsfrage; die Interessenlage ist aber ähnlich. Die Vorschriften des Entwurfs zu den Verarbeitungsphasen der Veränderung und der Löschung erfassen diesen Vorgang regelmäßig nicht; insbesondere liegt keine Datenänderung vor, weil die zu einer Person gespeicherten Originaldaten unberührt bleiben (können). Sofern die Forschungsergebnisse nicht ausnahmsweise die Form von Aussagen über Einzelpersonen haben, greifen auch die Speicherungsregeln nicht ein. Zur Datenverwendung, um die es hier im Kern geht, enthält der Entwurf keine Aussagen, wenn man einmal vom Sonderfall der Nutzung gesperrter Daten absieht. Soweit sich nicht aus spezielleren rechtlichen Gesichtspunkten, etwa einer vertraglichen Abrede, Restriktionen ergeben, ist die Datenverwendung deshalb frei. Insbesondere stellt der Entwurf jedem Datenbesitzer im öffentlichen wie im privaten Sektor frei, seine Daten im Zusammenhang eigener wissenschaftlicher Forschungsprojekte zu verwenden. Er gibt damit eine Art Freibrief für „Hausforschung". Dieser Freibrief erstreckt sich auch auf den Bereich der Auftragsforschung, sofern man die im Rahmen des Auftragsverhältnisses erfolgende Abgabe von Daten begrifflich nicht als Weitergabe iS des Entwurfs einstuft. Dafür könnte angeführt werden, daß der Empfänger die Daten ausschließlich nach Maßgabe des Auftrags verwenden und regelmäßig nicht über sie verfügen darf. Das Gegenargument, daß die Daten Dritten zur Kenntnis gelangen und zudem die Gefahr einer vertragswidrigen Verwendung entsteht, überzeugt freilich mehr, weil es vom (Daten-)Schutzzweck des Gesetzes und den realen Beeinträchtigungen der Position des Betroffenen ausgeht[52].

2.2.1 Zugang zu Daten im Bereich der öffentlichen Verwaltung

Sofern die forschende Institution, die Daten aus dem Bereich der öffentlichen Verwaltung benötigt, selbst zum öffentlichen Bereich gehört – ein kriminologisches Universitätsinstitut zB Daten vom Bundeskriminalamt –, ist die Vorschrift über den Datenaustausch innerhalb des öffentlichen Bereichs (§ 7)

---

[52] Die Frage, ob Übergabe zwecks Durchführung eines genau definierten oder doch näher spezifizierten Verarbeitungsauftrags „Weitergabe" iS der Regelungen der Berufs- und besonderen Amtsgeheimnisse ist, hat erhebliche praktische Bedeutung für die automatisierte Erledigung von Verwaltungs- und Geschäftsvorgängen, inbesondere für die Rechtsform und die organisatorische Anbindung von Rechenzentren; FVG § 20 idF des Finanzanpassungsgesetzes vom 30. August 1971, BGBl 1 1971, 1426, geht davon aus, daß die Verarbeitung in einem steuerverwaltungsfremden Rechenzentrum eine unter bestimmten Voraussetzungen befugte Offenbarung ist, nennt diese Voraussetzungen jedoch nicht. Entgegen *E. Spetzler,* Bearbeitung von Aufgaben der Steuerverwaltung in Datenzentralen anderer Verwaltungsträger, in: ÖVD 1974, 152 ff (154 ff), ist der Amtsträgerstatus der Dienstkräfte des Rechenzentrums und ihre daraus folgende Bindung an das Steuergeheimnis nur eine notwendige, keine hinreichende Bedingung der Befugtheit der Offenbarung, da sie die Möglichkeit der Kenntnisnahme durch die Rechenzentrumsbediensteten nicht legitimiert. Zur analogen Problematik beim ausgelagerten Vollzug von Bundestatistiken vgl *Hessischer Datenschutzbeauftragter,* Dritter Tätigkeitsbericht, Landtags-Drucks 7/5146 S 28 f sowie die Entgegnung der Landesregierung, Landtags-Drucks 7/5597, Bericht in: ÖVD 1974, 444 f, die glaubt, zwischen Datenlieferung „zur Verarbeitung" und „als Information" unterscheiden zu können.

anwendbar. Wie für die umgekehrte Konstellation bereits erwähnt, erklärt der Entwurf in diesem Falle die Weitergabe — außer bei erteilter Zustimmung und aufgrund besonderer Rechtsvorschrift — für zulässig „im Rahmen rechtmäßiger Erfüllung der in der Zuständigkeit des Empfängers liegenden Aufgaben" (§ 7 Abs 1 S 2). Auch hier führt die ausschließliche Orientierung an Aufgabe und Zuständigkeit des Empfängers und die Außerachtlassung der Interessen des Betroffenen und des Charakters seiner Beziehung zur datenbesitzenden Behörde zu einer Verkürzung der individuellen (Datenschutz-)Rechte. Der globale Charakter der Forschungsaufgaben der Hochschulen macht besonders deutlich, daß der aufgabenbezogene Datenbedarf allein eine Weitergabe nicht zu legitimieren vermag. Zwar läßt sich umgekehrt anführen, daß die Forschung, anders als Verwaltungsbehörden, ihre Daten typischerweise nicht für Entscheidungen gegen die betroffenen Individuen verwendet. Dies schließt eine Grundrechtsverletzung aber nicht aus, da eine solche bereits in der Kenntnisnahme von privaten Tatbeständen liegen kann. Darüber hinaus kommen aber durchaus auch (insbesondere kommunikative) Handlungen ad personam, z. B. eine Bitte um Mitwirkung bei einer Umfrage, in Frage.

Eine generelle Befugnis — die Betonung liegt auf generell — zur Weitergabe von Verwaltungsdaten für Forschungszwecke läßt sich auch nicht mit der oben aufgestellten These von der jeder Verwaltungsaufgabe immanenten potentiellen Forschungsaufgabe begründen. Denn die Forschungsaufgabe rechtfertigt zwar eine spezifische Datenverwendung durch den Besitzer, nicht aber eine Datenweitergabe, die einer weiteren öffentlichen Stelle die Verfügung über die Daten eröffnet und daher den Betroffenen ungleich stärker belastet. Wiederum zeigt sich der grundsätzliche Mangel in der Konstruktion des § 7 Abs 1 S 2: sie reduziert nicht die überkommene Amtshilfe auf ein datenschutzkonformes Maß; sie begnügt sich auch nicht damit, die Amtshilfe schlicht zu konservieren, sondern sie löst sie von dem begrenzten Zweck, öffentlich-staatliche Funktionen informatorisch zu verbinden, und gibt eine Art Generalermächtigung zum Datenaustausch zwischen allen öffentlich-rechtlich organisierten Subjekten — dies alles freilich nicht in der Form korrespondierender Auskunftsrechte und -pflichten, wie es einer forschungspolitischen Zielsetzung entspräche und wie es bei der Amtshilfe bislang der Fall ist, sondern als reine Ermächtigung des Datenbesitzers, auf dessen good will die Forschung damit angewiesen bleibt.

Neben der allgemeinen Amtshilfe kennt der Entwurf in § 7 Abs 1 S 1 die Datenweitergabe im Zweckverbund: Daten, die einem Berufs- oder besonderen Amtsgeheimnis unterliegen und der weitergebenden Stelle von der zur Verschwiegenheit verpflichteten Person in Ausübung ihrer Berufs- oder Amtspflicht weitergegeben worden sind, an andere öffentliche Stellen ist zulässig, wenn der Empfänger sie zur Erfüllung des gleichen Zwecks benötigt, zu dem sie die weitergebende Stelle erhalten hat. Ob diese Voraussetzungen bei einer Weitergabe für Forschungszwecke bestehen, hängt davon ab, wie man das Merkmal „gleicher Zweck" interpretiert. Stellt man dem Verwaltungsvollzugszweck den Forschungszweck entgegen, so ist Zweckidentität nur dann anzunehmen, wenn bereits die angegangene Verwaltungsstelle die Daten für Forschungszwecke erhalten hatte. Vertretbar wäre aber auch eine materielle Zweckdefinition. Es käme dann darauf an, ob die forschungsmäßige Auswertung der Daten noch in den Verwaltungszweck hineingelegt werden kann, oder ob dieser auf die Abwicklung der konkreten einzelnen Verwaltungsverfahren als solcher beschränkt ist. Da der Zweck bei der Datenweitergabe nur selten näher expliziert wird, sind die Schwierigkeiten bei der Prüfung der Zweckidentität zwangsläufig.

Sucht eine private Forschungseinrichtung den Zugang zu Dateien innerhalb der öffentlichen Verwaltung, so bestimmt der Entwurf, daß die Weitergabe – außer bei Zustimmung und besonderen Rechtsvorschriften – zulässig ist, wenn der Nachfragende berechtigte Interessen glaubhaft macht und schutzwürdige Belange des Betroffenen von der Weitergabe nicht beeinträchtigt werden. Hierbei können die besonderen Belange der Forschung mit veranschlagt werden. Daten aus besonderen Geheimbereichen (vgl oben) können weitergegeben werden, wenn auch der besonders Verschwiegenheitspflichtige sie der Forschung zur Verfügung stellen dürfte (§ 8 Abs 1 S 1). Außerdem kennt der Entwurf „freie" Daten, nämlich Namen, Titel und akademische Grade, Geburtsdatum, Berufs-, Geschäfts-, Branchenbezeichnung, Anschrift und Rufnummer, welche die Verwaltung unbeschränkt weiterreichen darf (§ 8 Abs 2), wenn daraus nicht eine Gefahr für Leben, Gesundheit und persönliche Freiheit des Betroffenen entstehen kann (§ 8 Abs 3).

2.2.2 Zugang zu Daten in privater Hand

Beim Zugang zu Daten in Dateien in privatem Besitz kommt es nicht darauf an, ob der Interessent privat- oder öffentlichrechtlich verfaßt ist.

Speichert und verarbeitet die um Daten angegangene private Stelle diese Daten für eigene Zwecke (III. Abschnitt), so läßt der Entwurf eine Weitergabe zunächst zu, wenn eine spezielle Vorschrift dies erlaubt oder wenn der Betroffene zugestimmt hat (§ 2 Abs 3). Für die Forschung haben beide Möglichkeiten bislang kaum praktische Bedeutung. Darüber hinaus ist die Weitergabe im Rahmen der Zweckbestimmung eines Vertrags- oder Vertrauensverhältnisses oder zur Wahrnehmung berechtigter Interessen zulässig, sofern nicht anzunehmen ist, daß schutzwürdige Belange des Betroffenen beeinträchtigt werden (§ 18 S 2). Im ersteren Fall kommt es darauf an, ob eine Weitergabe zu Forschungszwecken zur typischen Behandlung der vom Vertrags- oder Vertrauenspartner erhaltenen Daten gehört. Dies wird nur selten der Fall sein. An die zweite Alternative könnte man zB bei einem Forschungsprojekt im Auftrag der weitergebenden privaten Stellen denken. Hier – wie auch im Falle der durch § 18 ebenfalls eingeräumten Weitergabe zur Wahrnehmung von Interessen Dritter – dürfte jedoch in der Regel nur eine Weitergabe in anonymisierter Form erforderlich sein, um die schutzwürdigen Belange des Betroffenen zu respektieren, wie die Vorschrift weiter verlangt. Diese Rechtslage wird die Besitzer von Daten künftig in größerem Umfang veranlassen, eine formularmäßige Zustimmung der Betroffenen einzuholen, um jedenfalls die Weitergabe im Rahmen von erteilten Forschungsaufträgen zu ermöglichen. So könnte etwa von einem Stellenbewerber die Zustimmung dazu ausbedungen werden, daß seine physiologischen, medizinischen, psychologischen und Leistungsdaten im Rahmen arbeitswissenschaftlicher Forschungen an entsprechende Institute weitergeleitet werden.

Für Daten aus besonderen Geheimbereichen und für freie Daten gelten jeweils die gleichen Grundsätze wie bei der öffentlichen Verwaltung, jedoch mit der wohl durch Redaktionsversehen entstandenen Abweichung, daß eine Gefahr für Leib und Leben des Betroffenen die Zulässigkeit der Weitergabe freier Daten nicht beseitigt (§ 18 S 1 und 3).

Die Situation in diesem Bereich ist dadurch allgemein gekennzeichnet, daß das Interesse des Datenbesitzers sich weitgehend durchsetzen kann. Hat er an dem Forschungsprojekt kein Interesse, so ist er, von extremen Ausnahmefällen abgesehen, niemals zur Bereitstellung von Daten verpflichtet. Kann er dagegen die Daten günstig versilbern oder verspricht er sich von den Forschungsergebnissen strategische Vorteile, so wird er sich durch die Vorschriften des Entwurfs kaum hindern lassen, die Daten auch gegen die Interessen der Betroffenen bereitzustellen. In vielen Fällen wird es nicht schwierig sein, die Betroffenen mit sanftem Druck und freundlichen Worten schon bei der Aufnahme der Beziehung zur Abgabe einer entsprechenden Zustimmung zu veranlassen, zB im Rahmen der Anerkennung allgemeiner Geschäftsbedingungen. Gelingt dies nicht, so braucht lediglich das Forschungsvorhaben organisatorisch so umstrukturiert zu werden, daß es als unternehmensinterne Forschung gelten kann. Die beteiligten Personen, der äußere Ablauf und die wirtschaftliche Grundlage brauchen sich dadurch nicht zu ändern. Rechtlich hat diese Umorganisation jedoch zur Folge, daß es sich nicht mehr um eine Weitergabe der Daten an Dritte, sondern um eine interne Weiterleitung handelt, welche durch die Maschen des Gesetzes fällt. Wie bereits erwähnt, ist die Verwendung als solche in dem Entwurf nicht reglementiert, so daß die Zweckentfremdung nicht mehr erfaßt werden kann.

Gewisse Besonderheiten bestehen, wenn die Forschung sich an private Einrichtungen wendet, die Daten geschäftsmäßig für Dritte verarbeiten (IV. Abschnitt). Hier genügt es – neben den Möglichkeiten der Zustimmung und der speziellen Rechtsvorschriften –, wenn die Forschungseinrichtung ein berechtigtes Interesse glaubhaft macht (§ 24 Abs 2). Unabhängig hiervon kann sie freie Daten sowie „eine Angabe über die Zugehörigkeit des Betroffenen zu einer Personengruppe" erhalten, wenn kein Grund zur Annahme besteht, daß dadurch schutzwürdige Belange des Betroffenen beeinträchtigt werden (§ 24 Abs 3). Diese Möglichkeit ist zwar nicht auf Forschungsbelange zugeschnitten, kann aber auch diesen in gewissem Umfang zugute kommen. Auf die Fragwürdigkeit der Vorschrift ist an anderer Stelle deutlich genug hingewiesen worden[53].

Was die grundsätzliche Beurteilung des Zugangs der Forschung zu Daten in diesem Bereich betrifft, so gilt im wesentlichen das gleiche wie gegenüber der Datenverarbeitung für eigene Zwecke, allerdings mit dem Unterschied, daß entsprechend dem speziellen Unternehmensziel das Verwertungsmotiv ganz im Vordergrund steht.

---

[53] *A. Podlech,* aaO (Anm 6).

2.2.3 Kritik

Bedeutet Datenschutz, die Zirkulation der Daten im Interesse des Betroffenen besser zu kontrollieren und einzuschränken, so ist es nicht mehr als seine logische Konsequenz, daß die Zugänglichkeit der Daten für Dritte und damit auch für die Forschung, abnimmt. Geht man von der gesetzlichen Zielformel des § 1 aus, nach welcher „personenbezogene Daten vor Mißbrauch zu schützen (sind) und dadurch der Beeinträchtigung schutzwürdiger Belange der Betroffenen entgegenzuwirken (ist)", so kommt es darauf an, ob die Forschung als Mißbrauch oder als (legitimer) Gebrauch zu qualifizieren ist. Da Gebrauch und Mißbrauch – ebenso wie die dafür mitunter eingesetzten Vokabeln „berechtigte Interessen" einerseits und „schutzwürdige Belange" andererseits – aber nur die Enden einer Wertskala markieren, auf der die Forschungstätigkeiten nicht selten in der Übergangszone rangieren, kann nur eine stärker ins einzelne gehende rechtliche Regelung Klarheit bringen. Eine solche hätte im Rahmen des Bundesdatenschutzgesetzes durchaus noch Platz.

In deutlichem Gegensatz zur restriktiven Zielsetzung des Datenschutzes, wie sie offiziell verlautbart wird und wie sie anfänglich Gegenstand mitunter heftiger Angriffe von interessierter Seite war, steht der Befund, daß die Regelungen des Entwurfs die Kommunizierbarkeit personenbezogener Daten insgesamt gesehen kaum einschränken, teilweise sogar deutlich erweitern dürften. Welche Tendenz sich durchsetzen wird, hängt im einzelnen sehr von der praktischen Anwendung und Auslegung der Vorschriften durch datenverarbeitende Stellen und Gerichte ab.

Von nicht zu unterschätzender Bedeutung für die Entwicklung dieser Praxis ist allerdings die Einführung einer Strafvorschrift für alle Fälle unbefugter Datenabgabe (§ 32). Angesichts der unbestimmten Konturen der Weitergabevorschriften und der daraus folgenden Rechtsunsicherheit muß sich der angestrebte Abschreckungseffekt für die Forschung zwangsläufig als empfindliche Zugangsrestriktion auswirken. Dies gilt vielleicht weniger für den privaten Sektor, wo das Interesse am Verkaufserlös oder an den Ergebnissen der Forschung einen gegenläufigen Anreiz bildet. Im öffentlichen Dienst läßt dagegen das chronische Defizit an Entschlußkraft und Verantwortungsfreude eine deutliche Präventiv-Überfunktion befürchten. Weiter restriktiv wirkt sich die überwiegend skeptische Einstellung der Verwaltungen gegenüber unabhängigen Forschungsvorhaben in ihrem Tätigkeitsbereich aus, von denen ungünstige Ergebnisse, zumindest aber unliebsame Störungen der „bewährten Praxis" befürchtet werden.

Ebenso wie bei den Verpflichtungen als Datenbesitzer muß die Forschung auch in der Rolle des Dateninteressenten grundsätzlich auf der gleichen Ebene mit allen anderen Interessenten operieren. Aus den gleichen Gründen kann auch hier der Hinweis auf die Differenzierungsmöglichkeiten innerhalb der Generalklauseln kaum befriedigen. Daß ein Datenbesitzer bei der Anwendung der Generalklauseln die Interessen der Forschung im Hinblick auf deren verfassungsrechtlich anerkannte gesellschaftliche Nutzfunktion höher bewertet und ihnen in wesentlich größerem Umfang stattgibt als anderen, ist zwar theoretisch denkbar; in der Praxis sind aber keinerlei Anhaltspunkte ersichtlich, die auf eine solche forschungsfreundliche Politik der Datenbesitzer schließen lassen.

Schließlich ist auch nicht zu verkennen, daß die im Entwurf enthaltene Form von Schutzvorschriften einer manipulativen Datenbereitstellungspraxis reichlich Raum gibt. In erster Linie ist zu bemängeln, daß der zumal innerhalb des öffentlichen Bereichs überaus großzügig geregelten Weitergabebefugnis des Datenbesitzers niemals ein Zugangsrecht des Interessenten entspricht. Aber auch soweit auf „berechtigte Interessen" einerseits und „schutzwürdige Belange" andererseits abzustellen ist, bestehen breite Möglichkeiten, genehme Projekte ohne sonderliche Rücksicht auf die Betroffenen mit Daten zu versorgen, mit Argwohn betrachteten Projekten dagegen jeden Datenzugang zu versagen. Plausible Gründe lassen sich in jedem Fall anführen; ebenso leicht fällt der Verweis auf andere Dateninteressenten, denen man ebenfalls den Zugang eröffnet bzw. verweigert habe.

Auf der anderen Seite stellt der Entwurf keine Modelle zur Verfügung, die es erlauben, die entgegengesetzten Interessen von Forscher und Betroffenem besser miteinander in Einklang zu bringen. Ein solches Modell müßte bestimmte Zugangsprivilegien einräumen, sie jedoch genau begrenzen und die damit verbundenen Risiken durch geeignete Vorkehrungen reduzieren und kontrollieren[54]. So ist es etwa auch hier durchaus diskutabel, bei teilanonymisierten und künstlich verfälschten Daten einen erweiterten Zugang zu gewähren (vgl. oben 2.1.4). Die Abgabe schutzbedürftiger Daten könnte davon abhängig gemacht werden, daß sich der Empfänger einer genauen Datenverwendungs- und -sicherungskontrolle unterwirft, ähnlich der Rechnungsprüfung beim Empfang öffentlicher Mittel. Ein Modell mit großen Möglichkeiten, allerdings auch beträchlichen organisatorischen und technischen Voraussetzungen, könnte darin bestehen, daß zwischen den geheimhaltungspflichtigen Datenbesitzer und den an der Auswertung interessierten Forscher ein Treuhand-Datenzentrum eingeschaltet wird, das die technische Ausführung der wissenschaftlichen Datenverarbeitung übernimmt, dabei aber garantiert, daß die geschützten Individualdaten niemandem, auch nicht dem Forscher, bekannt werden.

Damit ergibt sich das folgende Gesamtbild. Die Leichtigkeit des Datenverkehrs zwischen den Trägern verschiedener staatlicher Funktionen wird gefördert; der privatwirtschaftliche Datenverkehr kann weiter nach den ihm eigenen (Markt-) Gesetzen ablaufen. Davon profitiert diejenige Forschung, die in eigener Regie der Datenbesitzer oder in deren Auftrag ausgeführt wird. Die unabhängige Forschung erleidet zwar auch keine wesentlichen Einbußen an rechtlichen Zugangschancen; wenn der Entwurf jedoch das Verfügungsrecht des Datenbesitzers anerkennt und erweitert, ohne der Forschung korrespondierende Zugangsrechte einzuräumen, so unterwirft er die Forschung in wichtigen Bereichen

---

[54] Die Erstreckung einer strafbewehrten Geheimhaltungspflicht auf den privilegierten Datenempfänger nach dem Muster der § 8 Abs. 2 Satz 2 iVm § 8 Abs 5 Volkszählungsgesetz 1970 (BGBl 1 1969, 292), § 19 Abs 2 S 2 iVm § 19 Abs 5 Hochschulstatistikgesetz vom 31. August 1971 (BGBl 1 1971, 1473) ist notwendig (bedenklich deshalb BZRG § 40) aber nicht hinreichend, da die praktische Geltung des Geheimnisses von weiteren Bedingungen abhängt; dazu näher *Dammann* aaO (Anm 42) 2.5.3 f.

einer Steuerung durch Partikularinteressen. Um die wissenschaftliche Vielfalt zu erhalten, hätte sich eine forschungs- und gesellschaftspolitisch reflektierte Datenschutzgesetzgebung demgegenüber auf die Verbesserung der informationsrechtlichen Position gerade derjenigen Forschung zu konzentrieren, die den Interessen der Datenbesitzer potentiell kritisch gegenübersteht.

Zusammenfassung

Die weitreichende Bedeutung der Datenschutzgesetzgebung für die wissenschaftliche Forschung ist noch kaum erkannt. Durch die Verarbeitungsschranken, die Kontrollrechte der Betroffenen und die Datensicherungspflicht können die Informationsverarbeitung empfindlich eingeschränkt und belastet und der Datenzugang stark erschwert werden. Andererseits benötigt die Forschung Datenschutz als Voraussetzung für vertrauliche Kommunikation und zum Schutz ihrer Probanden.

Der EBDSG trägt der spezifischen Situation der Forschung keine Rechnung, mit der Folge, daß in vielen Fällen weder die berechtigten Interessen der Wissenschaft noch die Rechte des einzelnen gewahrt werden. Als Elemente einer sachgerechten Lösung werden ua ein Forschungsdatengeheimnis, die Einrichtung von Datentreuhändern und die Begründung von Zugangsrechten für die Forschung vorgeschlagen.

Derartige Sonderregelungen erfordern einen spezifischen Forschungs- und Wissenschaftsbegriff, der enger ist als derjenige der Abwehrrechte des GG Art 5 Abs 3. Geeignete einschränkende Merkmale könnten in den Dimensionen Unabhängigkeit und Öffentlichkeit der Ergebnisse gesucht werden.

Summary

The impact of data protection (or: privacy) legislation on scientific research is not yet fully recognized. The legal limitations imposed on the information process, the individuals' rights to know and to correct and the obligations concerning data security measures may considerably restrict the processing of and the access to personal data. On the other hand the researcher needs data protection as a condition for confidential communication with his clients and for the protection of their data.

The German Federal Data Protection Bill does not consider the specific situation of research; in many cases neither the researchers' legitimate needs nor the individuals' rights are respected. Elements of an appropriate legislative solution could be: data secrecy for research, the institution of a data trustee and a right of access for researchers.

Such privileges require an adequate notion of research, that cannot be as wide as that of Art 5 S 3 of the German constitution (Grundgesetz). Restrictions could be found in the dimensions of independance, public use and transparency.

Herbert Burkert

Theorieansätze in der Rechtsinformatik – Versuch einer Bestandsaufnahme und Kritik*

Übersicht

1 Einleitung

Nach *Fiedler und v. Berg* kann sich „Rechtsinformatik als eigenständige wissenschaftliche Disziplin“[1] nunmehr der Forschung zuwenden. *H. Brinckmann u. a.* sehen dagegen in der Rechtsinformatik einen „Annex“ zur Rechtswissenschaft,[2] von dem für eine Lösung anstehender Probleme vor allem der Verwaltungsautomation wenig zu erwarten ist. Rechtsinformatik scheint damit einen Stand erreicht zu haben, bei dem Forschungsaufgaben und Leistungsfähigkeit diskutiert und sogar Ausbildungsgänge[3] entwickelt werden können. Dennoch fehlt es an einer zusammenfassenden theoretischen Darstellung der Rechtsinformatik. Bisher lassen sich allenfalls Ansätze zu einer theoretischen Durchdringung aus einer Vielzahl von Veröffentlichungen zusammentragen. Eine solche Zusammenstellung birgt zwar die Gefahr unzulässiger Nivellierung oder führt zu einer Überbewertung peripher gemeinter Aussagen; sie ist jedoch notwendig, um deutlich zu machen, vor welchem Hintergrund sich Ausbildungsinhalte und Studiengänge festzuschreiben beginnen, die wenig geeignet erscheinen, dem Ziel zu dienen, daß Juristen als „Spezialisten für normative Regelungen in Sozialsystemen ... eine wesentliche rechtspolitische Beraterrolle“[4] übernehmen können.

*) Dieser Aufsatz geht auf Überlegungen zurück, die anläßlich der Erarbeitung eines von der Stiftung Volkswagenwerk finanzierten FIM (Fernstudium im Medienverbund)-Kurses: PROJEKT EDV UND RECHT, RECHTSINFORMATIK, Einführung in die Rechtsinformatik, Regensburg 1974 angestellt wurden. Den Mitarbeitern der Projektgruppe, *R. Hassemer, K. Lindheimer, M. Schuster, H. Zech* und *W. Steinmüller* verdanke ich wesentliche Anregungen.

[1] *Fiedler, H./v. Berg, M.*, Stichworte zur Rechtsinformatikausbildung an den juristischen Fakultäten, in: DVR 2, 231–241 (1973).

[2] *Brinckmann, H. Grimmer, K. / Lenk, .K / Rave, D.*, Verwaltungsautomation. Thesen über die Auswirkungen automatisierter Datenverarbeitung auf Binnenstruktur und Außenbeziehungen der öffentlichen Verwaltung. Beiträge zur juristischen Informatik, Hrsg. *Brinckmann, H./Kilian, W.*, Bd. 2, Darmstadt 1974, – Der Bezug zur Informatik soll hier außer Betracht bleiben.

[3] *Fiedler /v. Berg*, aaO, S 234 ff.

[4] Zu diesem Ziel: (Anm 3), aaO, S 20.

Im folgenden werden die Ansätze von *Simitis, Fiedler und Steinmüller* zusammenfassend dargestellt und kritisiert werden. Es wird gezeigt werden, daß alle diese Ansätze von einer Rechtsinformatik als gesellschaftswissenschaftlicher Disziplin ausgehen, jedoch unterschiedliche Vorstellungen von der „Sozialwissenschaftlichkeit" der Rechtsinformatik zugrunde gelegt werden. Keine dieser Vorstellungen berücksichtigt jedoch, daß Sozialwissenschaften Reflexion über ihre Entstehung und Verwendung verlangen. Als ein Grund für diesen Mangel wird hier die Nähe der Rechtsinformatik zur Rechtswissenschaft behauptet werden. Zum Abschluß soll deutlich werden, wie Rechtsinformatik einerseits die Nähe zur Rechtwissenschaft nutzen könnte und mit welchen Aufgabenstellungen sie ihre fehlende Selbstreflexion nachzuholen hätte.

Die Auswahl der genannten Verfasser (und der jeweiligen Veröffentlichungen) erfolgte nach Durchsicht der Rechtsinformatikliteratur aufgrund folgender Kriterien:

1. Die jeweilige Veröffentlichung sollte sich möglichst zum gesamten Gegenstandsbereich der Rechtsinformatik äußern.
2. Die jeweilige Veröffentlichung sollte sich dabei möglichst zu Fragen der Theoriebildung äußern.
3. Die Verfasser sollten kontinuierlich zu Fragen der Rechtsinformatik veröffentlicht haben.

2. Stand der Theoriebildung anhand dreier Beispiele

2.1. Der Ansatz von *Simitis*[5]

Nach *Simitis* stellen sich der Rechtsinformatik folgende Probleme:

a) die Auswirkungen kybernetischer Methoden und der Anwendung von EDV-Anlagen auf die juristische Methodik[6],
b) die Bewältigung der Informationsflut[7],
c) die Erscheinungen der Verwaltungsautomation[8],
d) die Folgen der Anwendung von EDV-Anlagen im Bereich der Rechtssetzung und Rechtsanwendug[9],
e) die rechtspolitische Problematik[10], insbesondere das Problem des Datenschutzes[11].

---

[5] Hier untersuchte Veröffentlichungen: *Simitis, S.*, Rechtliche Anwendungsmöglichkeiten kybernetischer Systeme, in: Recht und Staat in Geschichte und Gegenwart, Heft Nr 322, Tübingen 1966 (1966); *Simitis, S.*, Informationskrise des Rechts und der Datenverarbeitung, Karlsruhe 1970 (1970a); *Simitis, S.*, Automation in der Rechtsordnung, Möglichkeiten und Grenzen, Schriftenreihe: Juristische Studiengesellschaft Karlsruhe, Karlsruhe 1970 (1970b); *Simitis, S.*, Chancen und Gefahren elektronischer Datenverarbeitung, in: NJW 1971, 673–682 (1971); *Simitis, S.*, Computer, Sozialtechnologie und Jurisprudenz, in: Zeitschrift für Schweizer Recht, 91 (1972), 2. Halbbd H 3, S 437–469 (1972).

[6] *Simitis, S.*, 1970b, S 9.

[7] *Simitis, S.*, 1970a, S 9 ff, 33; *Simitis* 1971, S 673; *Simitis* 1972, S 439.

[8] *Simitis,S.*, 1966, S 3 ff; *Simitis* 1972, S 439.

[9] *Simitis, S.*, dazu einleitend 1966, S 7 ff.

[10] *Simitis, S.*, 1971, S 675; *Simitis* 1972, S 439.

[11] Siehe vor allem *Simitis* 1971.

Simitis strukturiert diese Problembereiche weitgehend vom Aspekt der Informationsverarbeitung her. Phasen juristischer Entscheidungsfindung werden auf ihre Automatisierbarkeit untersucht[12]. Zu dieser Analyse gehört die Frage nach der grundsätzlichen Automatisierbarkeit von Recht[13], da Recht axiologisch, Kybernetik aber axiomatisch vorgehe[14]. Insbesondere im Bereich der Entscheidungsvorbereitung[15] und der Routinisierung von Entscheidungen[16] aber hat die Automation seiner Ansicht nach als Hilfsmittel[17] ihren Platz.

Als Gründe für die zunehmende Automatisierung bietet *Simitis* folgenden Erklärungszusammenhang an: Die Notwendigkeit der Effizienzerhöhung von Rechtsordnung[18] und Verwaltung[19] erfordert eine beständige Überprüfung der Aufgaben nach Rationalisierbarkeit[20] und die Fortentwicklung von Planungstechniken[21]. Die Notwendigkeit der Effizienzerhöhung führt er darauf zurück, daß der Übergang zur Leistungsverwaltung[22] immer mehr staatliche Eingriffe notwendig macht[23]. So nehmen die staatlichen Aufgaben an Umfang und Differenziertheit zu[24].

Der Übergang zur Leistungsverwaltung und die Zunahme der staatlichen Eingriffe wiederum sind Ergebnis der Entwicklung zur industriellen Gesellschaft: „Die industrielle Gesellschaft bedarf rechtlicher Mechanismen, die sich durch zunehmende Differenzierung und Flexibilität auszeichen"[25]. So kommt es, daß die Verwaltung zur entlastenden Apperatur greift: „Die Hinwendung zur elektronischen Apparatur kennzeichnet die Reaktion einer Administration, die sich in ihrer Funktionsfähigkeit mehr und mehr durch routinisierte Massenvorgänge bedroht sieht"[26]. Gleichzeitig aber gilt für darüber hinausgehende Funktionsausübungen der Verwaltung: „Leistungsverwaltung und Drang zu totaler Information lassen sich nicht voneinander trennen, die Registrierung des einzelnen ist vielmehr Funktionsvoraussetzung einer weitgehend vom Staat administrierten Gesellschaft"[27].

Für das Recht ist die Entwicklung gekennzeichnet durch den Widerspruch zwischen der notwendigen Einschränkung des richterlichen Voluntarismus[28] und

---

[12] *Smitis, S.*, 1966, S 8 ff.
[13] *Simitis, S.*, aaO, S 6.
[14] *Simitis, S.*, 1970b, S 9.
[15] *Simitis, S.*, aaO, S 12 und 15.
[16] *Simitis, S.*, 1970a, S 98.
[17] *Simitis, S.*, 1966, S 24.
[18] *Simitis, S.*, aaO, S 7.
[19] *Simitis, S.*, 1970a, S 127.
[20] *Simitis, S.*, aaO, S 133 ff; *Simitis* 1971, S 674.
[21] *Simitis, S.*, 1966, S 11; *Simitis* 1970a, S 99.
[22] *Simitis, S.*, 1971, S 675.
[23] *Simitis, S.*, 1970a, S 12.
[24] *Simitis, S.*, aaO, S 57.
[25] *Simitis, S.*, 1972, S 439/440.
[26] *Simitis, S.*, aaO, S 444.
[27] *Simitis, S.*, 1971, S 675, vgl auch Fußnote 9 auf S 674. Dementsprechend gilt auch für den Datenschutz und seinen zentralen Begriff: „Die spätindustrielle Gesellschaft kennt keine Privatheit mehr" (*Simitis, S.*, aaO, S 675).
[28] *Simitis, S.*, 1966, S 7.

der für die Rechtssicherheit notwendigen Voraussehbarkeit[29] im Sinne wirtschaftsmäßiger Kalkülisierbarkeit[30] einerseits und der Notwendigkeit andererseits, daß der gesellschaftlichen Entwicklung nur gerecht werden kann, was anpassungsfähig, also nicht vorhersehbar ist[31]. Die in den Automatisierungsbestrebungen liegende „Kalkülisierung und Axiomatisierung sind in Wirklichkeit nur Apotheose des bestehenden und eine radikale Negation des zuweilen kaum mit dem Gesetz zu vereinbarenden, aber doch unumgänglichen Wandels rechtlicher Regelungen“[32].

Vor allem in seinen neueren Veröffentlichungen gelangt *Simitis* dann zu einer Analyse und Bewertung der Vorstellungen, die hinter der geschilderten Entwicklung stehen. In der geistigen Auseinandersetzung mit den durch die industrielle Gesellschaft notwendigen Entwicklung im Recht erkennt er eine Tendenz, der technischen Rationalität in der Rechtsordnung fortschreitenden Vorrang einzuräumen[33]. Recht und Staat werden zunehmend nur als technische Körper verstanden[34]. Technische Zwänge werden zu Argumenten in der Planung und in der Auseinandersetzung zwischen Parlament und Verwaltung[35]. Einer solchen Haltung ist nach seiner Meinung entgegenzutreten. Die Befolgung des technokratischen Staatsmodells würde mit der Kapitulation vor der Technik auch die Kapitulation der Demokratie bedeuten[36]: Entpolitisierung und Entmündigung wären die Folgen. Rechtswissenschaft hat hier ein kritisches Bewußtsein dieser gefährlichen Folgen zu wecken[37]. In Wirklichkeit ist Technik nur Werkzeug in der Hand der Legislative und Exekutive[38]). Technische Rationalität ist nur zweckrationales Handeln in der Gesellschaft, im „gesellschaftlchen Kontext“[39]). Diese „gesellschaftliche Dimension“[40] muß vom Juristen gesehen werden, damit Abhilfe geschaffen werden kann.

Bei einer solchen Forderung an den Juristen vertraut *Simitis* darauf, daß dieser tatsächlich mithelfen kann. Zwar muß die Lernfähigkeit der Rechtsordnung im Zuge der strukturellen Veränderungen zunehmen[41]), gleichzeitig aber muß sie die Auswirkungen auf sich selbst[42]), die Antastung ihres demokratischen Gehalts[43], trotz der Erfordernisse der Steuerungsfähigkeit[44] einzudämmen versuchen. Dies geschieht durch die Erfassung des Computers als nur ein Werk-

---

[29] *Simitis, S.*, 1970b, S 7.
[30] *Simitis, S.*, 1966, S 3.
[31] *Simitis, S.*, 1970a, S 95.
[32] *Simitis, S.*, aaO, S 104.
[33] *Simitis, S.*, 1972, S 446.
[34] *Simitis, S.*, aaO, S 449.
[35] *Simitis, S.*, aaO, S. 450, 453.
[36] *Simitis, S.*, 1970a, S 139.
[37] *Simitis, S.*, ebenda.
[38] *Simitis, S.*, 1970a, S 138.
[39] *Simitis, S.*, 1972, S 456.
[40] *Simitis, S.*, aaO, S 457.
[41] *Simitis, S.*, aaO, S 440.
[42] *Simitis, S.*, aaO, S 438.
[43] *Simitis, S.*, aaO, S 448.
[44] *Simitis, S.*, aaO, S 442.

zeug[45], dessen Übernahme beständig reflektiert werden muß[46]. Als Ergebnis dieser Reflektion sieht er die Notwendigkeit folgender Maßnahmen:

a) die Verhinderung von Monopolbildung im Bereich der Information[47], die Sicherung des „Informationsgleichgewichts“[48]),
b) die Sicherstellung der Differenziertheit gesammelter Informationen[49], denn differenzierte Informationen sind Voraussetzung kritischer Rationalität[50]),
c) die Vermeidung eines „ökonomisch bedingten Gefälles bei der Kenntnis des geltenden Rechts“[51],
d) die Garantie von Partizipation bei der Einrichtung und Erhaltung von Informationssystemen[52].

Insgesamt müssen diese Maßnahmen durch Institutionalisierung[53] gesichert wer den, damit ein „ökonomischer Umgang“[54] mit Daten, der für die Erhaltung der Freiheit notwendig ist, auch bei zunehmender Automation garantiert ist. Hier liegt die Aufgabe der Rechtsordnung [55, 56].

2.2 Der Ansatz von *Fiedler*[57]

Die Problemstellungen der Rechtsinformatik sieht *Fiedler* weitgehend wie *Simits*. Auch hier finden wir die Bereiche:

a) formale Methoden,
b) Technik der EDV,
c) Verwaltungsautomation,
d) Dokumentation,

---

[45] *Simitis, S.*, aaO, S 454.
[46] *Simitis, S.*, aaO, S 455.
[47] *Simitis, S.*, aaO, S 458; *Simitis, S.*, 1970a, S 110.
[48] *Simitis, S.*, 1971, S 674.
[49] *Simitis, S.*, 1972, S 461.
[50] *Simitis, S.*, aaO, S 462.
[51] *Simitis, S.*, aaO, S 463.
[52] *Simitis, S.*, aaO, S 466.
[53] *Simitis, S.*, 1971, S 681.
[54] *Simitis, S.*, 1972, S 468.
[55] *Simitis, S.*, 1970a, S 59/60; *Simitis, S.*, 1971, S 675, 682; *Simitis, S.*, 1972, S 458.
[56] Zunächst hatte *Simitis* Zurückhaltung bei der Kontrolle angeregt. So sollte anstelle einer direkten Kontrolle die regelmäßige Aufsicht über die Informationsverarbeitung treten, denn direkte Kontrolle sei unwirtschaftlich und daher nicht zu realisieren (vgl 1970a, S 113). Sie hätte auch einer wünschenswerten Koexistenz von Staat und Wirtschaft in diesem Bereich widersprochen (vgl aaO, S 108). Bereits mit der Forderung nach einem umfassenden Auskunftsrecht des Betroffenen (vgl 1971, S 681) ist diese Zurückhaltung aufgegeben, denn ein solches Recht ist ebenfalls „unwirtschaftlich“. Der genannte Maßnahmenkatalog entspricht der Tendenz zu wieder stärkerer Kontrolle.
[57] *Fiedler, H.*, Automatisierung im Recht und juristische Informatik, in: JUS 1970, S 432 – 436 (1970a), S 552–556 (1970b), S 603–607 (1970c), JUS 1971, S 67–71 (1971a), S 228 bis 233 (1971b); *Fiedler, H.*, Theorie und Praxis der Automation in der öffentlichen Verwaltung. Zur Konzeption einer anwendungsorientierten „Informatik für Recht und Verwaltung“, in: ÖVD 1971, 92–99 (1971c); *Fiedler, H.*, Konstruktive und kritische Beiträge der juristischen Informatik, in: Jahrbuch für Recht, Soziologie und Rechtstheorie 2, Bielefeld 1972, S 361–372 (1972); *Fiedler, H.*, Rechtsinformatik und juristische Tradition, in: Festschrift für *Hans Welzel*, Hrsg, *Stratenwerth, G.*, ua, Berlin 1974, S 167–184 (1974).

e) Normsetzung, Normanwendung und EDV[58],

f) rechtliche und organisatorische Folgeprobleme[59].

Im Gegensatz zu *Simitis* unternimmt es *Fiedler* jedoch explizit, die Problemvielfalt durch einen Strukturierungsversuch zu konturieren, den er als Ansatz zu einer Theorie der „juristischen" Informatik verstanden sehen will: Ansatz ist zunächst eine „anwendungsorientierte Strukturtheorie der Informationsverarbeitung als eigene systematische Einheit"[60]. Das heißt: Informationsprozesse werden auf gemeinsame Eigenschaften untersucht, indem diese Prozesse formalisiert beschrieben und logischen Operationen unterworfen werden. Die auf diese Weise ermittelten Strukturen werden in Anwendungsbeispiele umgesetzt und auf ihre Praktikabilität überprüft. Zu diesen Strukturen verhelfen die Formalwissenschaften mit ihren mathematischen Methoden der Struktur- und Systemtheorie[61]. Zusammen mit diesen Methoden tritt die Strukturtheorie der juristischen Information dann neben die juristische Methodenlehre[62]. So setzt sie sich schließlich aus Teilelementen der mathematischen Logik, Entscheidungstheorie, „computer science" im engeren Sinn, sowie aus Teilen der Informationstheorie, Kybernetik und der juristischen Methodenlehre zusammen[63]. Daneben tritt dann als „sekundäre Theorie ihrer Anwendung" eine Theorie, „welche im übrigen nicht nur technokratisch, sondern ebenso kritisch verfahren müßte[64].

Konkret wird damit zum Inhalt der juristischen Informatik „zunächst die Lehre von der Anwendung der Datenverarbeitung im Recht, welche dabei unter ihrem spezifischen, strukturierenden Aspekt gesehen wird"[65]. Dieser Aspekt ist die beständige Anknüpfung an die Tatsachen der Automatisierung in Recht und Verwaltung[66] einerseits und an die „Formalwissenschaften Logik und Mathematik"[67] andererseits. Ist der Kern auch die Strukturtheorie[68], so läßt sich doch eine Stufung der Theorieansätze ableiten:

„a) Theorie der Datenverarbeitung im Recht, welche vor allem an deren strukturellen Aspekt orientiert ist;

b) Strukturtheorie der juristischen Information und Entscheidung, welche vor allem an die Datenverarbeitung anknüpft;

c) Strukturtheorie der Gesellschaft, insbesondere der gesellschaftlichen Information und Entscheidung."[69]

Dabei sind ständig die Wechselwirkungen mit rechtlichen Normen einzubeziehen.[70] Wie dies zu geschehen hat, beschreibt *Fiedler* wie folgt: „Bei

---

[58] Siehe bis dahin *Fiedler, H.*, 1970a, S 432 Fußnote; *Fiedler, H.*, 1972, S 361.

[59] Siehe *Fiedler, H.*, 1970b, S 552, 555 und 556; *Fiedler*, H., 1970c, S 607.

[60] *Fiedler, H.*, 1970a, S 433.

[61] *Fiedler, H.*, ebenda; *Fiedler, H.*, 1972, S 364, 365 ff; *Fiedler, H.*, 1974, S 174.

[62] *Fiedler, H.*, 1970a, S 433.

[63] *Fiedler, H.*, ebenda.

[64] *Fiedler, H.*, ebenda; *Fiedler* 1974, S 174/175.

[65] *Fiedler, H.*, 1971b, S 228; *Fiedler, H.*, 1974, S 175.

[66] *Fiedler, H.*, aaO, S 229.

[67] *Fiedler, H.*, aaO, S 228; vgl auch *Fiedler H.*, 1970a, S 434.

[68] *Fiedler, H.*, 1971b, S 229.

[69] *Fiedler, H.*, aaO, S 229/230; vgl auch *Fiedler, H.*, 1972a, S 364, 365 und 1974, S 176.

[70] *Fiedler, H.*, 1971b, S 228, 231 ff.

einigen hier genannten Überlegungen wird es darauf ankommen, einerseits von positiv-rechtlichen Zusammenhängen auszugehen, andererseits sich durch die Methoden der Mathematik, Datenverarbeitung und Systemtheorie anregen zu lassen bzw. auch abzusichern."[71]

Bei der starken Anwendungsorientierung der Theorie[72] werden Entstehungszusammenhänge zurückhaltend analysiert und bewertet: *Fiedler* konstatiert eine zunehmende Automatisierung geistiger Prozesse[73] im Zuge der gesellschaftlichen Entwicklung zur hochindustrialisierten Gesellschaft[74], eine „Revolutionierung der geistigen Arbeit"[75], die Einfluß auf die Arbeitsstrukturierung hat[76]. Für die Verwaltung folgt daraus: „Um ihre Ordnungsaufgabe erfüllen und den heutigen Leistungsanforderungen genügen zu können, muß die öffentliche Verwaltung effizient arbeiten, sich in den Industriestaaten praktisch der Unterstützung der EDV bedienen"[77]. EDV wirkt aber nicht nur als Werkzeug oder Kommunikationspartner, sondern als Organisationsprinzip und Kommunikationsmedium[78]. Ihre Anwendung wird dabei – im Bereich der öffentlichen Verwaltung – nicht so sehr von Rationalität im Sinne von Wirtschaftlichkeit getragen, denn eine dazu notwendige Kosten/Nutzen-Analyse stößt hinsichtlich der quantitativen Bestimmung des Nutzens bei Verwaltungsaufgaben auf Schwierigkeiten[79].

Die zunehmende Anwendung von EDV wird zu einem Ausbau von Entscheidungshilfesystemen[80] mit selbstwählbaren Formen der Informationsverfügung[81] führen. Darin liegen – wie bei jedem technischen Fortschritt – Chancen und Gefahren zugleich[82]. Das Informationspotential[83] tangiert Föderalismus und Selbstverwaltung[84]. Es kommt zu einer Verschiebung im Verhältnis zwischen Legislative und Exekutive, Staat und Gemeinde, Bürger und Staat; der Sinn von Demokratie und Sozialstaat wird neu zu bestimmen sein; neue Sicherungen werden notwendig werden.[85]

Im Bereich von Rechtssetzung und -anwendung bestimmt das wirksame Funktionieren des Rechtsstaates[86] die Notwendigkeit des EDV-Einsatzes. In diesem Bereich bleibt EDV ein Hilfsmittel, da es sich hier weitgehend um die Regelung sozialer Prozesse handelt, die nicht präzisierbar sind[87], soweit am bestehenden

---

[71] *Fiedler, H.*, aaO, S 232; zu den einzelnen Themenbereichen: *Fiedler, H.*, 1974, S 183 f.
[72] *Fiedler, H.*, ebenda.
[73] *Fiedler, H.*, 1970a, S 432/433.
[74] *Fiedler, H.*, 1972, S 363.
[75] *Fiedler, H.*, 1970a, S 433.
[76] *Fiedler, H.*, 1970b, S 554/555.
[77] *Fiedler, H.*, aaO, S 552.
[78] *Fiedler, H.*, 1970a, S 432.
[79] *Fiedler, H.*, 1970b, S 556.
[80] *Fiedler, H.*, aaO, S 555.
[81] *Fiedler, H.*, ebenda.
[82] *Fiedler, H.*, aaO, S 552; *Fiedler, H.*, 1972, S 363.
[83] *Fiedler, H.*, 1970b, S 556.
[84] *Fiedler, H.*, aaO, S 555.
[85] *Fiedler, H.*, 1971a, S 607.
[86] *Fiedler, H.*, 1971b, S 67.
[87] *Fiedler, H.*, aaO, S 70.

System des justizmäßigen Verfahrens mit seinem Legitimationsaspekt[88] festgehalten wird[89].

Über die Erhöhung der Effektivität durch das Aufspüren von Systemdisfunktionalitäten hinaus[90] kann nach *Fiedler* eine Theorie der Rechtsinformatik sich beizeiten vom Recht her mit negativen Entwicklungstendenzen befassen[91]. Rechtliche Regelungen der Vorbedingungen von datenmäßiger Organisation[92] eröffnen als Aufgabe des Juristen die Möglichkeit, rechtliche Begrenzungen, orientiert an Verfassungsgrundsätzen (Persönlichkeitsrecht, Informationsfreiheit) einzubauen[93]. Im einzelnen, insbesondere im Bereich der Dokumentation, ist zu achten auf

„– indiskriminierende Zugänglichkeit . . .,
– Transparenz . . .,
– . . . Mindestmaß an Objektivität und Qualität . . ."[94].

Dabei darf den Benutzer kein „technokratischer, sondern ein sozialer Ehrgeiz"[95] beflügeln. Freilich wird die Rechtsinformatik hier ihre Aufgabe nur als Hilfswissenschaft, wenn auch netzartig einbezogen[96], der Rechtswissenschaft erfüllen können.[97]

2.3 Der Ansatz von *Steinmüller*[98]

Steinmüller strukturiert den Problembereich der Rechtsinformatik[99] nach

– Problemen der Theoriebildung,
– Problemen der Anwendung,

---

[88] Hier könnte die Datenverarbeitung die Legitimation durch Verfahren stützen (vgl *Fiedler, H.*, aaO, S 68).

[89] Dazu *Fiedler, H.*, aaO, S 71: „Der Rechtsstaat kann nur konkret sein, er muß über abstrakte Verfahrensgarantien hinaus fähig sein, in Gesetzgebung und Rechtspflege die Ideen der Gerechtigkeit zu konkretisieren bis zur effektiven Hilfe für den einzelnen. Hier gründet auch das Erfordernis effizienterer Arbeit aller beteiligten Instanzen, welche im modernen Industriestaat nur mit Hilfe der Unterstützung durch die Datenverarbeitung wird erreicht werden können".

[90] *Fiedler, H.*, aaO, S 75.

[91] *Fiedler, H.*, 1970b, S 555; vgl auch *Fiedler, H.*, 1972, S 363, 368 ff: in Form einer „kritischen Nachkonstruktion des Anwendungsgebietes" (S 369).

[92] *Fiedler, H.*, 1970b, S 552.

[93] *Fiedler, H.*, aaO, S 556; *Fiedler, H.*, 1972, S 370.

[94] *Fiedler, H.*, 1970c, S 607.

[95] *Fiedler, H.*, 1971a, S 71.

[96] *Fiedler, H.*, 1971b, S 232.

[97] *Fiedler, H.*, ebenda; *Fiedler, H.*, 1972, S 371.

[98] *Steinmüller, W.* ua, EDV und Recht, Einführung in die Rechtsinformatik, Berlin 1970 (1970); *Steinmüller, W.*, Rechtspolitische Bemerkungen zum geplanten staatlichen Informationssystem, in: Rechtsphilosophie und Rechtspraxis, Hrsg *Würtemberger, T.*, Frankfurt 1971, S 81–87 (1971a); *Steinmüller, W.*, Rechtsinformatik. Elektronische Datenverarbeitung und Recht, in: JR 1971, 1–9 (1971b); *Steinmüller, W.*, Gegenstand, Grundbegriffe und Systematik der Rechtsinformatik. Ansätze künftiger Theoriebildung, in DVR 1, 113–148 (1972a); *Steinmüller, W.*, Rechtstheorie, Rechtsinformatik und Rechtspolitik, in: Jahrbuch für Rechtssoziologie und Rechtstheorie 2, Bielefeld 1972, S 373–388 (1972b).

[99] Vgl *Steinmüller, W.*, 1970, S 31; *Steinmüller, W.*, 1972a, S 116.

– Problemen der Rechtswissenschaft einschließlich der Rechtspolitik[100].

In den Bereich der Anwendung fallen im einzelnen die Dokumentation und die Informationssysteme[101], die Rechts- und Staatstheorie unter Einbeziehung der Rechtskybernetik[102]. In den Rahmen der rechtstheoretischen[103] und der rechtspolitischen Probleme gehören vor allem die Veränderungen des Rechts durch den sozialen Wandel[104], insbesondere der Zusammenhang von Recht und Technik[105], sowie als Spezialproblem der Datenschutz[106].

Die Entstehung einer wissenschaftlichen Disziplin, die sich mit diesen Problemen auseinandersetzt führt *Steinmüller* zurück auf das zunehmende Eindringen der EDV in die Verwaltung[107] vor dem Hintergrund einer Funktionsveränderung der traditionellen Gewaltenteilung[108]. Die dadurch und darüberhinaus entstehenden Fragen finden im Zusammenhang mit der internationalen Diskussion, vor allem der Rechtskybernetikdiskussion in der DDR, dank staatlicher Förderungspolitik zunehmend Raum in der Teildisziplin Rechtsinformatik[109]. Eine derartige wissenschaftliche Auseinandersetzung kommt damit dem durch das Grundgesetz festgelegten Rechts- und Sozialstaatsgebot nach, das eine Optimierung der Verwaltung und daher auch eine Rationalisierung der Verwaltung erfordert[110].

Rechtsinformatik als Disziplin hat demnach zum Gegenstand: die Beziehungen und Folgen zwischen EDV und Recht, im Zuge der wissenschaftlichen Entwicklung schließlich die Bildung einer Theorie über diesen Bereich[111]; sie ist eine problemorientierte Disziplin, die alle Methoden anwendet, um diese Relation zwischen EDV und Recht wissenschaftstheoretisch zu bewältigen[112].

Als Teildisziplin der Rechtswissenschaft bestimmt sich ihr Bezug zu dieser weitgehend nach dem jeweiligen Zweig der Rechtswissenschaft, dem sie sich zugeordnet, dem dogmatischen[113] oder dem soziologischen[114]. In jedem Fall aber ist die Relation der EDV zum Recht Gegenstand[115], „die gegenseitige Beziehung von Recht und EDV"[116]. Allerdings umfaßt die Rechtswissenschaft, der Rechtsinformatik sich zuordnet, auch Rechtspolitik; Rechtspolitik ist rationale Diskussion von Zielen und Mitteln und damit ebenfalls Wissenschaft[117].

---

[100] *Steinmüller, W.,* 1971a, S 81.
[101] Vgl dazu *Steinmüller, W.,* 1971b, S 3/4; sowie auch *Steinmüller W.,* 1970 S III/IV.
[102] *Steinmüller, W.,* 1970, S 51.
[103] *Steinmüller, W.,* 1972b, S 373.
[104] *Steinmüller, W.,* 1970, S 3.
[105] *Steinmüller, W.,* aaO, S 2.
[106] *Steinmüller, W.,* aaO, S 86–89.
[107] *Steinmüller, W.,* 1972a, S 114.
[108] *Steinmüller, W.,* 1971a, S 85.
[109] *Steinmüller, W.,* 1972a, S 115, Fußnote 18; *Steinmüller, W.,* 1972b, S 380.
[110] *Steinmüller, W.,* 1970, S 69.
[111] *Steinmüller, W.,* aaO, S 5.
[112] *Steinmüller, W.,* 1972a, S 115; *Steinmüller, W.,* 1972b, S 385.
[113] *Steinmüller, W.,* 1972b, S 375 ff.
[114] *Steinmüller, W.,* 1972a, S 128.
[115] *Steinmüller, W.,* aaO, S 114.
[116] *Steinmüller, W.,* 1971b, S 2.
[117] *Steinmüller, W.,* 1971a, S 81; *Steinmüller, W.,* 1972b, S 82, 385 ff.

Nach Ansicht *Steinmüllers* sind die bisherigen Strukturierungsansätze in der Rechtsinformatik eher die additive Aneinanderreihung brauchbarer Methoden als ein theoretisches Gebilde[118]: Die Rechtsinformatik bedient sich der Rechtskybernetik, d. h. der kybernetischen Betrachtungsweise rechtlicher Prozesse. Sie erfaßt die Strukturen und Prozesse mit Hilfe von Systemtheorie[119], Regelungstheorie[120], Informationstheorie[121]; sie bedient sich der Methoden des Operations Research, der Algorithmentheorie, der Automaten- und der Turingmaschinentheorie[122] – orientiert jeweils an spezifischen Aufgabenstellungen[123]. Sie bedient sich also des gesamten Instrumentariums der Formalwissenschaften unter Einbeziehung rechtlicher Probleme und Anwendungsfragen der EDV[124]. Besondere Bedeutung bei den Formalwissenschaften hat nach seiner Meinung dabei das begriffliche Instrumentarium der bereits erwähnten Systemtheorie[125], sowie die Informationstheorie in ihrer Form der Zeichentheorie[126], denn beide ermöglichen eine Erfassung des strukturellen Zusammenhangs. Aber auch quantitative Verfahren versprechen brauchbare Ansätze zur Erfassung der Informationsverarbeitung im Recht[127]. Schließlich ist noch die Modelltheorie zu nennen[128]. Schlüsselbegriff des sytemtheoretischen Verständnisses ist der Begriff des Mensch-Maschine-Systems[129], in dem die EDV ihre Funktion als Modell von Wirklichkeit[130] und damit als Denkprothese wahrnimmt[131].

Wichtigste Tendenz in der Entwicklung des EDV-Einsatzes ist für *Steinmüller* die Entwicklung zu immer komplexeren Informationssystemen[132], die insbesondere durch ihre integrierte Form zunehmend Gefahren heraufbeschwören[133]. Denn: Informationszuwachs bedeutet Machtzuwachs[134]. Diese Entwicklung bei der Exekutive beschleunigt den ohnehin schon ablaufenden Funktionswandel des Parlaments und wird zu einer Gefahr für den Parlamentarismus überhaupt[135]. Die Sozialstaatlichkeit[136], die Gewaltenteilung[137], die parlamentarische Demokra-

---

[118] *Steinmüller, W.*, 1970, S 3.
[119] *Steinmüller, W.*, aaO, S 15 f; *Steinmüller, W.*, 1971b, S 5; *Steinmüller, W.*, 1972a, S 116.
[120] *Steinmüller, W.*, 1971b, S 5.
[121] *Steinmüller, W.*, 1970, S 8 f; *Steinmüller, W.*, 1971b, S 5; *Steinmüller, W.*, 1972a, S 117 f; *Steinmüller, W.*, 1972b, S 381.
[122] *Steinmüller, W.*, 1971b, S 5.
[123] *Steinmüller, W.*, 1972b, S 379.
[124] *Steinmüller, W.*, 1970, S 5.
[125] *SSteinmüller, W.*, aaO, S 15 f; *Steinmüller, W.*, 1972a, S 116.
[126] *Steinmüller, W.*, 1970, S 8 f; *Steinmüller, W.*, 1972a, S 117 f.
[127] *Steinmüller, W.*, aaO, S 128.
[128] *Steinmüller, W.*, 1971a, S 81 ff; *Steinmüller, W.*, 1972 a, S 120 f.
[129] *Steinmüller, W.*, 1970, S 49 f; *Steinmüller, W.*, 1972, S 123; *Steinmüller, W.*, 1972b, S 374.
[130] *Steinmüller, W.*, 1971b, S 2.
[131] *Steinmüller, W.*, ebenda.
[132] *Steinmüller, W.*, 1971a, S 84 f.
[133] *Steinmüller, W.*, 1972a, S 138 f; *Steinmüller, W.*, 1972b, S 374.
[134] *Steinmüller, W.*, 1971a, S 84.
[135] *Steinmüller, W.*, aaO, S 85; *Steinmüller, W.*, 1971b, S 8.
[136] *Steinmüller, W.*, 1970, S 84.
[137] *Steinmüller, W.*, ebenda; *Steinmüller, W.*, 1971b, S 8.

tie[138], die kommunale Selbstverwaltung[139], die Bundesstaatlichkeit[140] und schließlich die Privatsphäre[141] sind in Gefahr. Die automatisierte Normanwendung, die zwar praktisch (noch) nicht realisierbar, aber doch theoretisch möglich ist[142], gefährdet den Rechtsstaat[143]. Der Planungszwang unter Sachzwangargumenten wird weiter zunehmen[144]. Damit rückt aber auch die Möglichkeit näher, die Bevölkerung im Modell zu manipulieren[145]. So tritt zur notwendigen Effektivierung[146] die Gefährdung: die Ambivalenz der Technik wird deutlich[147].

Dieser Entwicklung kann nach *Steinmüller* nur entgegentreten werden, wenn man sich die Zweckbestimmtheit von Modellen beständig vor Augen führt[148] und die Systeme selbst menschenfreundlich konstruiert[149]. Es gilt, Tendenzen, die der Informationszuwachs und die Informationsverarbeitung in den Betrieben bereits mit sich gebracht haben, Tendenzen zur Partizipation und kollegialen Führung[150], auch in die staatlichen Informationssysteme hineinzutragen. Menschenfreundliche Konstruktion bedeutet weiterhin „eine weitgehend
— nicht zentralistische,
— nicht hierarchische,
— bürgernahe,
— partizipationsfreundliche und damit
— überschaubare
Verbundstruktur des jeweiligen Informationssystems"[151]. Minderheiten und Bürgerschutz sind zu berücksichtigen[152].

Der Machtverlust des Parlaments ist dadurch aufzuhalten, daß dem Parlament über das Zugriffsrecht hinaus[153] ein Bearbeitungsrecht für Daten gegeben wird[154]. Den weitreichenden Gefahren kann langfristig nur abgeholfen werden, wenn Politik und Wissenschaft bei der Bewältigung der Probleme kooperieren[155]. Die Analyse der Gefahren und die Erarbeitung von Abhilfen ist dabei Aufgabe der Rechtsinformatik[156] in Zusammenarbeit mit einer kritischen Rechtswissenschaft[157] zur Entwicklung einer Theorie hier notwendiger Rechtspolitik[158].

---

[138] *Steinmüller, W.*, 1970, S 84; *Steinmüller, W.*, 1971b, S 7.
[139] *Steinmüller, W.*, 1970, S 87.
[140] *Steinmüller, W.*, aaO, S 86.
[141] *Steinmüller, W.*, ebenda.
[142] *Steinmüller, W.*, aaO, S 61.
[143] *Steinmüller, W.*, 1971b, S 7.
[144] *Steinmüller, W.*, aao, S 8.
[145] *Steinmüller, W.*, aaO, S 7; *Steinmüller, W.*, 1972b, S 374.
[146] *Steinmüller, W.*, 1970, S 69.
[147] *Steinmüller, W.*, 1971b, S 9.
[148] *Steinmüller, W.*, 1970, S 50.
[149] *Steinmüller, W.*, 1972a, S 140.
[150] *Steinmüller, W.*, 1970, S 116.
[151] *Steinmüller, W.*, 1972a, S 140.
[152] *Steinmüller, W.*, 1971a, S 86.
[153] *Steinmüller, W.*, aaO, S 85.
[154] *Steinmüller, W.*, aaO, S 86; *Steinmüller, W.*, 1971b, S 8.
[155] *Steinmüller, W.*, aaO, S 9; *Steinmüller, W.*, 1972b, S 388.
[156] *Steinmüller, W.*, 1971b, S 2 und 5/6.
[157] *Steinmüller, W.*, 1971a, S 86.
[158] *Steinmüller, W.*, aaO, S 87; *Steinmüller, W.*, 1972b, S 386 ff.

Wissenschaft darf sich dabei nicht nur auf Forschung beschränken, sondern muß darüberhinaus Erfahrungen in die Ausbildung weitergeben[159], da der Jurist in seinem gegenwärtigen Selbstverständnis den Aufgaben der Zukunft nicht nachkommen kann[160].

3. Zusammenfassung und Kritik

Die dargestellten Autoren können mit ihren Veröffentlichungen als repräsentativ für die gegenwärtige Literatur in der Bundesrepublik über den Gesamtbereich „Rechtsinformatik" gelten. Von daher erscheint es berechtigt, aus diesen Veröffentlichungen drei wesentliche Richtungen abzuleiten[161], denen auch andere Autoren zugeordnet werden könnten.

Der DETAIL-ANSATZ MIT RECHTSPOLITISCHER ORIENTIERUNG (der hier *Simitis* zugeordnet wird) knüpft in der Regel bei Einzelproblemen an, die der rechtlichen Bewertung bedürfen und so zu Auslegungsfragen bestehender Rechtsnormen führen oder aber Anlaß geben, gesetzgeberische Initiativen zu diskutieren und zu fordern. Eine Systematisierung oder Vereinheitlichung der Aussagen wird dabei nicht angestrebt. Wertungen werden aus einer – ihrerseits ebenfalls nicht systematisierten – Verfassungsinterpretation gewonnen. Für darüber hinausgehende Begründungszusammenhänge wird auf Begriffe aus Politikwissenschaft und Soziologie verwiesen. Ausführlichere Kausalzusammenhänge werden nicht abgeleitet. Rechtsinformatik erfüllt mit ihrer Mitwirkung bei der Lösung rechtspolitischer Fragen gleichzeitig gesellschaftspolitische Aufgaben.

Unter Anwendung formaler Methoden untersucht der STRUKTURELL-FUNKTIONALE ANSATZ (der *Fiedler* zugeordnet wird) Rechtssetzung und Rechtsanwendung auf formal-logische Strukturen. Die ermittelten Strukturen werden auf ihre maschinentechnische Übertragbarkeit überprüft und auf ihre Konsistenz getestet. Rechtsinformatik ist so „die spezielle Informatik von Recht und Verwaltung, oder: die Anwendung der Informatik auf rechtliche Zusammenhänge in Staat und Verwaltung"[162] unter Anwendung einer mathematisch fundierten empirischen Strukturanalyse[163]. Dieser Richtung können auch diejenigen Veröffentlichungen zugeordnet werden, die – ebenfalls unter Einbeziehung mathematischer Methoden – Gesellschaft und Recht unter dem Aspekt der Funktion von Systemen betrachten. In diesem Zusammenhang muß betont werden, daß „mathematisch" dabei nicht allein und nicht vorwiegend den Umgang mit

---

159 *Steinmüller, W.*, 1970, S 117.

160 *Steinmüller, W.*, aaO, S 66; *Steinmüller, W.*, 1972b, S 376.

161 Die Kennzeichnung von 'Richtungen' ist ebenso problematisch wie die Zusammenfassung verschiedener Veröffentlichungen zu *dem* Theorieansatz eines Autors. Eine solche Kennzeichnung erleichtert jedoch die Orientierung bei der ständig wachsenden Zahl der Veröffentlichungen in diesem Bereich und macht das Folgende anschaulicher.

162 *Fiedler, H.*, Forschungsaufgaben der juristischen Informatik, in: Münchner Ringvorlesung, EDV und Recht, Möglichkeiten und Probleme, Hrsg *Kaufmann, A.*, Berlin 1973, S 229–243 (1973), S 236.

163 *Fiedler*, ebenda.

Quantitäten meint, sondern abstrakte Relationen und Strukturen ohne inhaltlich festgelegte Bedeutung[164].

Die gesellschaftliche Bedeutung liegt für diese Richtung in der mathematischen Methodik (und nicht in der Technologie, die diese Strukturen nur verkörpert[165]), mit deren Hilfe erst analoge Strukturen in verschiedenen gesellschaftlichen Bereichen wahrgenommen und handhabbar gemacht werden können. Mit einbezogen werden allerdings auch die Lösungsverfahren der dogmatischen Rechtswissenschaft, wodurch der Begriff der juristischen Informatik wieder erweitert werden muß[166].

Der PROBLEMWISSENSCHAFTLICHE ANSATZ (stellvertretend dafür *Steinmüller)* ist am schwersten zu beschreiben, da er interdisziplinär und wissenschaftspluralistisch alle Methoden zuläßt, die sich mit den Auswirkungen von EDV und Recht in der Gesellschaft befassen. Am besten läßt sich dieser Ansatz noch in Abgrenzung zu den vorherigen fassen: Im Gegensatz zum Detail-Ansatz erstrebt er umfassende theoretische Aussagen; im Gegensatz zur strukturell-funktionalen Richtung beschränkt er sich nicht auf die der Informationsverarbeitung zugrundeliegenden Strukturen, sondern bezieht auch die gesellschaftlichen Bedingungen und Abläufe mit ein, die die Erkenntnis und Verwertung solcher Strukturen und Technologien bestimmen.

Gemeinsam ist allen hier dargestellten Ansätzen, daß sie Rechtsinformatik als geselschaftswissenschaftliche Disziplin begreifen. *Simitis* macht dies deutlich durch seinen Bezug auf die Entwicklung der industriellen Gesellschaft[167] und die gesellschaftliche Dimension der Automation[168]. Bei *Steinmüller* wird die Sozialwissenschaftlichkeit impliziert durch den geforderten Methodenpluralismus[169] und seine Präferenz für eine Orientierung an der kritischen Rechtswissenschaft[170] unter Einbeziehung einer Theorie der Rechtspolitik[171]. Aber auch *Fiedler* sieht in der Rechtsinformatik eine sozialwissenschaftliche Disziplin. Zwar steht für ihn die Strukturtheorie[172] und die „mathematisch fundierte empirische Strukturanalyse“[173] im Mittelpunkt, zugleich ist aber Rechtsinformatik eine spezielle, anwendungsorientierte Informatik, die kritisch zu verfahren hat[174] und letztlich an eine „Strukturtheorie der Gesellschaft“[175] rückgebunden werden muß.

Deutlich wird dabei zugleich, wie unterschiedlich aber auch wie unscharf Sozial-

---

164 *Fiedler,* aao, S 237; *Fiedler, H.,* 1974, S 176 f; *Harborth, S.,* Computersimulation in den Sozialwissenschaften, 2 Bde, Reinbek 1974, S 246 ff.

165 *Fiedler, H.,* 1973, S 235.

166 *Fiedler, H.,* aao S 240.

167 *Simitis* 1972, S 439/440.

168 *Simitis,* 1970a, S 104.

169 *Steinmüller, W.,* 1970, S 3.

170 *Steinmüller, W.,* ebenda.

171 *Steinmüller, W.,* 1971a, S 81; *Steinmüller, W.,* 1972b, S 382, 385 ff.

172 *Fiedler,* 1970a, S 433.

173 Vgl *Fiedler,* ebenda.

174 *Fiedler* 1970a, S 433.

175 *Fiedler* 1971b, S 229/230.

wissenschaftlichkeit und gesellschaftlicher Bezug gefaßt werden. So bleibt unklar, wie nach *Fiedler* eine Strukturtheorie der Gesellschaft, insbesondere eine Theorie der gesellschaftlichen Information und Entscheidung, auszusehen hätte. Entspräche sie möglicherweise einer formalisierten Systemtheorie *Luhmanns?* Sind mit den Elementen 'Information' und 'Entscheidung' die Strukturen der Gesellschaft bereits hinlänglich erfaßt? Offen bleibt weiter, woher die empitische Strukturanalyse ihre Kriterien für die Auswahl der Untersuchungsgegenstände beziehen soll, wie sie aus dem Bereich der formalen Methoden die jeweils geeignete Methode ermittelt, und in welche Richtung der soziale Ehrgeiz den Benutzer beflügeln soll. Bei der Problematik formaler Methoden, die im übrigen kaum näher untersucht wird[176], besteht die Gefahr, daß sich der gerade unerwünschte technokratische Ehrgeiz durchsetzt, wenn nicht die Wertediskussion (in ihren Bezügen zur automatisierten Informationsverarbeitung) mit einbezogen wird. Dies muß für die Rechtsinformatik um so mehr gelten, weil sie sich – neben anderem – damit beschäftigt, über Informationssysteme Entscheidungsalternativen bereitzustellen, um wissenschaftliche Zieldiskussion[177] zu ermöglichen.

Auch bei den Überlegungen von *Steinmüller*[177a] bleibt unklar, nach welchen Kriterien aus der Methodenvielfalt auszuwählen ist. Auch hier werden die Probleme systemtheoretischer und struktureller Betrachtungsweise nicht näher untersucht. Die rationale Diskussion von Zielen und Mitteln wird zwar in den Aufgabenbereich der Rechtsinformatik aufgenommen, wenn dies auch noch unter ausdrücklicher Hervorhebung der Wissenschaftlichkeit auch eines solchen Vorhabens geschieht, ungeklärt aber bleibt, wie das zu geschehen hat.

Es wäre übereilt, von der Rechtsinformatik ein Problembewußtsein zu erwarten, das in den Sozialwissenschaften selbst noch kontrovers ist. Ebensowenig wie dort eine allgemein anerkannte geschlossene Theorie der Gesellschaft mit empirischen Nachweisen bis in die kleinste Verästelung vorhanden ist, kann eine solche Theorie von der Rechtsinformatik hinsichtlich etwa der Informationsprozesse bei normativen Regelungen in sozialen Systemen auf der Basis des in der Bundesrepublik verfügbaren empirischen Materials verlangt werden. Die referierten Überlegungen sind Ansätze. Doch in dieser Form gefährden sie die sozialwissenschaftliche Intention und bilden eine wenig solide Grundlage für Beratung und Ausbildung.

Systemtheoretische Feststellungen[178], nach denen Verwaltung und Rechtsord-

---

[176] Dazu ausführlich gerade im Hinblick auf die Konsequenzen für die Formalisierung juristischer Entscheidungen: *Kilian, W.*, Juristische Entscheidung und elektronische Datenverarbeitung, Frankfurt 1974, S 21 ff und 63 ff; allenfalls weist *Fiedler* (1971b, S 229 und 1972, S 363) noch darauf hin, daß Formalisierung nicht ausreicht und daß auch nicht an eine Mathematisierung „aller Überlegungen im Sinne irgend eines bestimmten vorgegebenen Formalismus" (1974, S 176) gedacht ist.

[177] Vgl zu dieser Intention *Steinmüller* 1971a, S 86.

[177a] Inwieweit sich Kriterien aus einer kritischen Betrachtung der Funktion von Rechtsinformatik als Wissenschaft – vgl *Steinmüller*, in: Projekt EDV und Recht, Rechtsinformatik, Regensburg 1974 – zu ergeben vermögen, bleibt abzuwarten.

[178] Vgl *Simitis* 1972, S 439, 440; *Fiedler* 1971a, S 67 ff; *Steinmüller,* 1972a, S 116, 138 f. Bei *Fiedler* (1971b, S 232 und 1972, S 369) wird dieses Problem angesprochen.

nung Systeme sind, innerhalb derer Information generiert und verarbeitet wird, um die jeweiligen Systemleistungen zu erbringen, sind zu allgemein, um praktischen Lösungen näherzukommen[179] oder die Grundlage langfristiger Einschätzungen bilden zu können. Die Methodenkataloge mit ihren Operationsregeln aus so unterschiedlichen Gebieten wie der Volkswirtschaft, der Betriebswirtschaft, der Nachrichtentechnik, der Kybernetik, der Mathematik, der Soziologie und der juristischen Methoden berücksichtigen nicht, daß jede dieser Operationsregeln durch die spezifischen Aufgaben gekennzeichnet ist, die sie in ihrem Herkunftsbereich zu erfüllen hat, und sich darüber hinaus noch im Abstraktionsgrad unterscheidet[180]. Diese Operationsregeln lassen sich allenfalls noch – und für die der juristischen Methodik gilt auch dies nicht uneingeschränkt – unter dem Begriff 'formalwissenschaftlich' zusammenfassen[181], als maschinentechnisch umsetzbar[182] und für Modellbildungen[183] unentbehrlich kennzeichnen. Ihre Funktion, die Funktion der Formalwissenschaften, hier für die Rechtsinformatik, die sich nicht in Umsetzbarkeit und Modellbildung erschöpft, wird nicht offengelegt[184].

Auch die angebotenen Begründungszusammenhänge und Bewertungen befriedigen nicht: Es wird auf eine Funktionsveränderung der Verwaltung hingewiesen[185]. Die Funktionsveränderung schafft ein Effizienzproblem[186]. Es äußert sich in Planungs-[187] und Rationalisierungsproblemen[188], die mit der Untersuchung des Phänomens 'Information' und der damit verbundenen Organisation und Technologie angegangen werden[189]. Die Analyse greift auf Begriffe der Politikwissenschaft bzw. der Politiischen Ökonomie[190] oder des Verfassungs- und Verwaltungsrechts[191] zurück[192]. Die Bestimmung der Folgen bleibt additiv[193].

---

[179] Vgl auch *Simitis* 1970a, S 59/60; *Simitis* 1971, S 675, 682; *Simitis* 1972, S 458; *Steinmüller* 1971a, S 81; *Steinmüller* 1972a, S 115, 118; *Steinmüller* 1972b S 385.

[180] Zur Fragwürdigkeit der ausschließlichen Beschäftigung mit der Logifizierbarkeit von Recht vgl *Luhmann, N.,* Rechtssoziologie, 2 Bde, Reinbek 1972, Bd 1, S 228 f.

[181] Vgl *Steinmüller* 1972a, S 116.

[182] Vgl *Simitis* 1966, S 6; *Fiedler* 1971b, S 299; relativierend wohl: *Steinmüller* 1972a, S 123 und *Steinmüller,* 1972b, S 374.

[183] *Steinmüller* 1971a, S 81 ff.

[184] Siehe Anmerkung 176.

[185] *Simitis* 1970a, S 127; *Fiedler* 1970b, S 552; *Steinmüller* 1971a, S 85.

[186] Vgl *Simitis* 1970a, S 133; *Simitis* 1972, S 444.

[187] Vgl *Simitis* 1966, S 11; *Simitis* 1970a, S 99.

[188] *Simitis,* aao, S 133 ff; einschränkend *Fiedler* 1970b, S 556.

[189] Vor allem *Fiedler,* 1970a, S 433.

[190] Industrielle Gesellschaft: *Simitis* 1972, S 439/440; Revolutionierung der geistigen Arbeit: *Fiedler* 1970a, S 433; Funktionswandel: *Steinmüller* 1971a, S 85.

[191] ZB Gewaltenteilung: *Steinmüller,* ebenda; Leistungsverwaltung: *Simitis* 1971, S 675.

[192] Welche Konsequenzen diese unmittelbaren Übernahmen haben, wird bei *Simitis* deutlich, der einerseits ökonomischen Umgang mit den Daten fordert (1972, S 468) und dabei als Lösung eine Orientierung am Modell des Marktes annimmt (vgl 1971, S 674 und 1972, S 458 ff), obgleich es sich in seiner reinen Form als hilflos gegenüber der Monopolbildung erweist.

[193] ZB das Parlament/Verwaltung (*Simitis* 1972, S 450, 453; *Fiedler* 1970c, S 607; *Steinmüller* 1970, S 84 und 1971b, S 8); dieses Problem wird genannt, es wird jedoch weder letztlich, wie das bestehende Verhältnis zwischen beiden Institutionen aussieht,

Bei der Bewertung wird auf die technische Rationalität und deren Zweifelhaftigkeit hingewiesen[194], man zieht sich auf „Chancen und Gefahren“[195] zurück, wodurch zwar die Problemvielfalt deutlich gemacht wird, aber auch ein Versuch der Prognose unterbleibt. Beispielhaft für das, was eine sozialwissenschaftlich orientierte Rechtsinformatik zu leisten hätte und was das bisherige Verständnis von Rechtsinformatik und Sozialwissenschaften nicht geleistet hat, ist die Benutzerforschung für ein juristisches Informationssystem[196], deren Ergebnisse bereits von *Simitis*[197] kritisiert wurden.

4. Rechtsinformatik und Rechtswissenschaft

Dieses wenig befriedigende Ergebnis einer Anwendung sozialwissenschaftlicher Methoden im Bereich der Rechtsinformatik ist Symptom für den ungeklärten Bezug der Rechtsinformatik zu den Sozialwissenschaften[197a]. Dieser Bezug ist jedoch nicht nur für die Rechtsinformatik ungeklärt, sondern auch für die Rechtswissenschaft. Das Problem verschärft sich noch dadurch, daß auch die Beziehung der Rechtsinformatik zur Rechtswissenschaft nicht eindeutig geklärt ist[198].

Nach den bisher dargestellten Konzepten gehören dogmatische Fragen zum Gegenstandsbereich der Rechtsinformatik. Wie dies bei der sozialwissenschaftlichen Ausrichtung der Rechtsinformatik geschehen kann, bleibt undeutlich. Bei *Simitis* scheint das Problem durch einen Rückbezug auf die Werte der Verfassung gelöst zu werden, die als Maßstab herangezogen werden bei der Beurteilung der Automation im allgemeinen, wie auch bei Einzelfragen, wie die des Datenschutzes. *Fiedler*, der der Rechtsinformatik ausdrücklich eine Zwischenstellung zwischen Informatik und Rechtswissenschaft einräumt, stellt seine Strukturmethode neben die juristische Methodenlehre[199] und will die Wechselwirkung miteinbeziehen[200]. Das letztere will auch *Steinmüller* für den die Theorie der Rechtsinformatik gerade diese Wechselwirkung erfassen soll. Wie weit dies bei den unterschiedlichen Zielen einer dogmatischen Disziplin und einer

welche Funktion eine Trennung hat und im Zuge des wachsenden Informationsbedarfes haben sollte.

194 *Simitis* 1972, S 449, 453; *Steinmüller* 1971b, S 9.

195 Vgl den Titel der Veröffentlichung von *Simitis* 1971 und *Fiedler* 1970b, S 556.

196 Informationsverhalten und Informationsbedarf von Juristen. Eine Erhebung von Infratest Sozialforschung, München, im Auftrag des Bundesministeriums für Justiz und der Gesellschaft für Mathematik und Datenverarbeitung. Projektleitung *Jungjohann, K./Seidel, U./Sörgel, W./Uhlig, S.*, Teil 1 Analyseband, DVR Beiheft 2, 1974.

197 *Simitis, S.*, Gesellschaftspolitische Implikationen juristischer Informationssyteme, in: DVR 3, 1–56, 19 ff (1974).

197a Siehe dazu auch *Fiedler* 1974, S 178 ff für den sich allerdings – entsprechend seines strukturwissenschaftlichen Ansatzes – vor allem das Problem des Bezugs zwischen Rechtswissenschaft und Mathematik stellt. Sozialwissenschaften sind hier nur insoweit von Bedeutung, als auch sie Beispiel der „universellen Bedeutung und Anwendbarkeit“ der Mathematik sind (S 179).

198 Ähnliches gilt auch für die Informatik, die ihr eigenes Zuordnungsproblem zwischen Strukturwissenschaft und angewandter Ingenieurwissenschaft hat.

199 Vgl *Fiedler* 1971b, S 232; *Fiedler* 1972 S 371.

200 *Fiedler* 1971b, S 228, 231 ff.

sozialwissenschaftlich-analytischen Disziplin möglich ist, bleibt offen[201] und wird allenfalls dadurch problematisiert, daß er darauf hinweist, daß sich Rechtsinformatik weitgehend differenziert danach, ob sie sich der traditionellen oder der soziologischen Rechtswissenschaft zuordnet[202].

Aufgrund der Aussagen zur gesellschaftlichen Bedeutung der Rechtsinformatik in allen drei Konzepten (vgl. oben) kann davon ausgegangen werden, daß sie sich in Problemstellungen und Methoden eher an einer soziologisch verstandenen Rechtswissenschaft orientiert. Damit bleibt aber das Problem der Einordnung dogmatischer Fragen und Methoden ungelöst. Darüber hinaus stellt sich bei einer Zuordnung zu einer 'soziologischen Rechtswissenschaft' die Frage, nach welchen Konzepten von einer solchen Wissenschaft sich Rechtsinformatik richten soll: Rechtswissenschaft als Gesellschaftswissenschaft und ihr Bezug speziell zur Soziologie ist umstritten. Eine willkürliche Ausklammerung aber kann unmittelbare Folgen haben: in Gestalt unzureichender Beratung oder unzulänglicher Ausbildung.

Um hier weiterzukommen, hätte sich Rechtsinformatik zunächst verstärkt mit den eigenen Entstehungs- und Bestandsbedingungen auseinanderzusetzen.

Rechtsinformatik, wie sie sich in Veröffentlichungen und Lehrveranstaltungen darstellt, ist eine relativ junge Disziplin, an deren Entstehung und Entwicklung eine Reihe von Faktoren beteiligt waren und sind. Diese Faktoren sind – nicht unbedingt in der Reihenfolge ihrer Bedeutung –:

– der wachsende Informationsbedarf (quantitativ und qualitativ) in den Bereichen, in denen Menschen mit juristischer Ausbildung tätig sind, vor allem im Bereich der Verwaltung[203],
– die Entwicklung der Computerindustrie auf dem Weltmarkt und die Notwendigkeit des Ausbaus nationaler Technologien,
– die Ausbildung von Juristen in der Handhabung der Technologien zur Sicherstellung des Informationsbedarfes aber auch des Absatzmarktes für die genannten Technologien,
– die konkreten Arbeits- und Rechtsprobleme der juristisch Ausgebildeten bei der Arbeit mit diesen Systemen,
– die Forschungsinitiativen und Rezeptionsweisen einzelner Forschungsgruppen.

Diese Faktoren trugen im wesentlichen dazu bei, gerade im Berich der Rechtswissenschaft die Teildisziplin Rechtsinformatik entstehen zu lassen[204]. Eine eingehende Beschäftigung mit diesen Entstehungsfaktoren hätte zwei unmittelbare Konsequenzen für die Rechtsinformatik. Zum einen erhielte sie damit Problembereiche, die bisher zum Teil ausgeklammert geblieben sind, obgleich sie für

---

[201] Vgl *Steinmüller* 1971a, S 86.

[202] *Steinmüller* 1972b, S 375 ff.

[203] Vgl auch *Steinmüller, W.*, Rechtinformatikausbildung, Projektbericht und Perspektiven, in: ÖvD 1972, 231–234.

[204] Zu erwähnen ist auch die Auseinandersetzung mit der Leitungswissenschaft in der DDR, siehe dazu: *Steinmüller, W.*, Leitungswissenschaft. Eine sozialistische Verwaltungswissenschaft? in: Die Verwaltung 6, 1–69 (1973).

das Verständnis rechtsinformatischer Phänomene notwendig sind (siehe dazu unten 5.), zum anderen könnte eingestanden werden, daß die Frage der Definition und der Zuordnung der Rechtsinformatik zunächst pragmatisch gefaßt werden muß. Rechtsinformatik sollte stärker die an sie durch die Praxis gerichteten Anforderungen auf sich nehmen und als ihren Aufgabenbereich diejenigen Probleme definieren, die sich dem Jurist in verschiedenen Tätigkeitsbereichen im Zusammenhang mit automatisierter Informationsverarbeitung und der Informations- und Kommunikationsstruktur der Gesellschaft und gesellschaftlicher Institution stellen.

Damit steht man zunächst vor zwei neuen Problemen. Zum ersten: wie steht es mit den Problemen, denen sich der primär in Informatik Ausgebildete im gleichen Tätigkeitsfeld gegenübersieht? Eine Ausgliederung in eine juristische Informatik wäre wenig sinnvoll, da diese in weiten Teilen mit der Rechtsinformatik identisch wäre[204a]. Zum zweiten: eine solche Definition schreibt die Rechtsinformatik auf die Probleme und Grenzen bestehender Tätigkeitsfelder fest. Diese beiden Probleme können jeodch dadurch gelöst werden, daß die Rechtsinformatik gerade wegen ihrer Praxisorientierung flexibel bleibt. Diese Flexiblität wäre durch ein beständiges Feedback mit den Anwendungsbereichen sicherzustellen, das es ermöglicht, neu auftretende Problemstellungen und Tätigkeitsbereiche aufzunehmen.

Mit der verstärkten Orientierung an dem, was von Juristen verlangt wird, käme es zu einer Verlagerung der Schwerpunkte in der Rechtsinformatik. Eine genauere Analyse der Berufssituation und der Verwendungsformen elektronischer Datenverarbeitung träte vor Fragen der Theoriebildung. Die Vorteile einer solchen Akzentverschiebung und die gleichzeitige Sicherung eines kritischen und systematischen Niveaus sollen im folgenden Abschnitt angedeutet werden.

5 Ansätze zur Weiterentwicklung

Der Rückbezug der Rechtsinformatik auf ihre Entstehungs- und Verwertungsbedingungen und in der Konsequenz die stärkre Orientierung an Tätigkeitsfeldern könnte vermeiden helfen, daß vorschnell andere Wissenschaftsbereiche als Hilfswissenschaften integriert werden. Neben dem schon erwähnten Beispiel der Benutzerforschung zeigt sich diese Notwendigkeit gerade bei einem so konkreten Anwendungsproblemen wie dem Datenschutz: Wenn man zu Anfang davon ausging, Gefährdungen unmittelbar mit gesetzgeberischen Regelungen zu bannen, verlangt eine effizientere weil praktikabelere Vorgehensweise zunächst einen differenzierten Ermittlungsprozeß. Dabei zeigt sich dann zunehmend, daß andere Disziplinen nur nach sorgfältiger Überprüfung ihrer jeweiligen Zweck-Mittel-Implikationen herangezogen werden können[205].

[204a] Vgl dazu *Fiedler, H.*, Die Stellung der Rechtsinformatik zu den Informationswissenschaften, in: DSWR 1974, 116–119.

[205] Als Beispiel für eine solche Analyse, die gerade auch die Tätigkeitsbedingungen in der Verwaltung berücksichtigt: *Lenk, Kl.*, Datenschutz in der öffentlichen Verwaltung, in: Datenschutz. Juristische Grundsatzfragen beim Einsatz elektronischer Datenverarbeitungsanlagen in Wirtschaft und Verwaltung, Hrsg. *Kilian, W./Lenk, Kl./Steinmüller, W.*, Frankfurt 1973, S. 15–48.

Das Bemühen, Ausbildungsgänge der Rechtsinformatik einzurichten und sie in Form eines Wahlpflichtfaches festzuschreiben, um sie so innerhalb der Rechtswissenschaft und gegenüber anderen, informatischen Ausbildungsgängen abzusichern, bliebe nicht länger im Verdacht, Ergebnis eines allenfalls wissenschaftssoziologisch erklärbaren Fachegoismus zu sein, wenn auf diesem Weg deutlich würde, welche Funktionen Rechtswissenschaft und die in ihr Ausgebildeten insbesondere im Hinblick auf Information und Kommunikation in unserer Gesellschaft haben.

Die Adaption formaler Verfahren könnte daraufhin überprüft werden, ob sie nur zu einer präziseren Tautologie bestehender Probleme führt. Gesellschaftwissenschaftliche Termini wären genauer auf den Diskussionzusammenhang zu überprüfen, dem sie entnommen werden. Dazu hätte man sich jedoch erst ausführlicher und sorgfältiger mit dem Diskussionsstand in den Nachbarwissenschaften und den Tätigkeiten verwandeter Art der dort Ausgebildeten auseinanderzusetzen. Anstelle sich zB bei der Begründung der Informationskrise und der Verwaltungsautomation mit einem Hinweis auf die Entwicklung zur industriellen Gesellschaft und auf den sozialen Wandel zu begnügen, der dem ratsuchenden Juristen bei seinen Entscheidungen kaum weiterzuhelfen vermag, sollte man sich mit derartigen Diskussionen in den Wirtschaftswissenschaften und deren Einschätzung von Informationsverarbeitung auseinandersetzen. Gerade in diesem Bereich ist am Gegenstand der Entscheidungstheorien eine wichtige Diskussion über die Grenzen und Gefahren der Formalisierung von Informationsverarbeitungsprozessen geführt[206] und das Problem der Monopolisierung von Information behandelt[207] worden.

Die Beratungsfunktion der Rechtsinformatik für Juristen und deren Beratungs- und Entscheidungsfunktion in der Gesellschaft verlangen von der Rechtsinformatik darüberhinaus:

- die Wiederbelebung der rechtspolitischen Wertediskussion als Diskussion der Ziele von Automation und Informationsorganisation,
- eine stärkere Orientierung an politischen und ökonomischen Fragestellungen, insbesondere im Hinblick auf Planung und den Informationsbedarf des Staates[208],
- auf dieser Basis ansetzende empirische Untersuchungen über Informationsverarbeitungsprozesse im gesellschaftlichen System unter besonderer Berücksichtigung juristischer Funktionsträger.

---

[206] ZB *Ackoff, R. L.*, Management Mis-Information Systems, in: Information Technology in a Democracy, Hrsg *Westin, A. T.*, Cambridge, Mass. 1971, S 264–271; *Lamberton, D. M.* (Hrsg), Economics of Information and Knowledge, Harmondsworth 1971; *Fehl, G.*, Information ist alles ... Anmerkungen zu staatlich-kommunalen Informationssystemen in der BRD, in: Planung und Information, Materialien zur Planungsforschung, Hrsg *Siel, G./Kühnert, M.* ua Gütersloh 1972, S 236–314.

[207] Vgl zu diesem Problem *Michael, D. N.*, Democratic Participation and Technological Planning, in *Westin, A. F.*, (Hrsg) – siehe Anmerkung 206 –, S 291–300, S 292 und *Boguslaw, R.*, Systems of Power and Power of Systems, in: *Westin, A. F.*, ..., S 419–431, S 426, sowie *Brzezinski, Z.*, Moving into Technotronic Society, in *Westin, A. F.* ... S 161–167, S 164.

[208] Vgl dazu *Ronge, V. / Schmieg, G.*, Restriktionen politischer Planung, Frankfurt 1973.

Solche Ansätze scheinen sich zunächst wenig von dem Ansatz *Fiedlers* zu unterscheiden, wo aber bei *Fiedler* gesellschaftspolitische Fragen eher als Annex zu einer Informatik juristischer Informationsströme erscheinen, wird hier über die Überlegungen zu einer besseren Handhabbarkeit hinaus sichergestellt, daß die Frage des 'Warum' und 'Wozu' – die auch die Ausgangsfrage des Juristen ist, der sich mit Rechtsinformatik beschäftigt – nicht in außerwissenschaftliche Bereiche abgedrängt wird.

Auf diese Weise scheint besser sichergestellt, daß die gesellschaftlichen Aufgaben der Rechtsinformatik adäquat angegangen werden können:

- die Aufrechterhaltung der emanzipierenden liberalen Ansätze in der rechtspolitischen Diskussion und ihr Beziehen auf die Probleme der Informationsverarbeitung in einer Gesellschaft, die über die Strukturvoraussetzungen des Liberalismus hinausgewachsen ist,
- die Aufarbeitung der Marktbestimmtheit von Informationsverarbeitung,
- die Einschätzung von Kontrollmöglichkeiten und die Ermittlung von Partizipationsverfahren bei Informationsverarbeitungsprozessen.

Welche Konsequenzen dies für die Rechtsinformatik hätte, ob es sinnvoll ist, sie als Disziplin aufrechtzuerhalten oder ob eine Differenzierung (durch Abspaltung einer Verwaltungsinformatik) notwendig wird, ob eine übergreifende Theorie (allgemeine Theorie der rechtlichen Information – allgemeines Recht der Information und Kommunikation) entwickelt werden muß, sind Fragen, die angesichts des Problemdrucks zunächst in den Hintergrund treten können, wenn die genannten Intentionen der Problembewältigung erhalten bleiben und sichergestellt ist, daß Rückmeldungen aus dem Bereich der Ausbildung und der beruflichen Tätigkeit aufgearbeitet und der weiteren Entwicklung (nicht zuletzt der Theoriebildung)[209] zugänglich gemacht werden.

---

[209] Diese Notwendigkeit läßt *Zahrnt, C.*, Hat die Rechtsinformatik praktische Bedeutung?, in: ÖDV 1975, 50–51 außer acht, wenn er zwar zu Recht den mangelnden Praxisbezug beklagt, aber meint, er sei allein durch bessere EDV-Kenntnisse und durch Konzentration auf reine Rechtsprobleme zu beheben.

Henriette Mignot

Rapport Français du 1er CONGRES INTERNATIONAL D'INFORMATIQUE JURIDIQUE à STRASBOURG (8 et 9 Octobre 1973)

*) Secrétaire Générale du CRIDON de Lyon, 58 boulevard des Belges, F-69458 Lyon, CEDEX 3.

de droit commun

B. Statistiques des affaires jugées par le conseil d'état statuant au contentieux pour l'année judiciaire 1967–1968

Annexe II

Centre de recherche et développement en Informatique Juridique
Etat du corpus au 30 Juin 1973

I. Bases de données interrogéables
1. Législation et règlementation
2. Jurisprudence
3. Documentation politique

II. Bases de données enregistrées mais non encore interrogéables

III. Bases de données en cours d'enregistrement

IV. Bases de données en préparation

Annexe III CRIDON

Tableau par matière

Afin de faciliter le très utile travail de comparaison des applications actuelles, des difficultés rencontrées, des solutions apportées dans les différents pays et de permettre de centrer les discussions sur un certain nombre de problèmes, les rapporteurs généraux du Ier Congrès International d'Informatique Juridique ont demandé aux rapporteurs nationaux de suivre le plan très pragmatique qu'ils proposaient pour l'étude des deux thèmes du Congrès:

1er Theme: Le traitement de la documentation juridique par ordinateur et la diversité des sources du droit

2e: La théorie et la pratique du droit dans les différents systèmes juridiques face à l'informatique.

C'est donc ce plan que nous avons adopté en traitant dans l'ordre les questions qui étaient posées.

Chacun des points abordés aurait pu donner lieu à de longs développements pour être approfondi, mais c'est encore pour répondre aux impératifs de volume qui nous avaient été imposés que nous volontairement été succinct.

Ce rapport se présente donc comme un document de travail destiné à servir de base de réflexion pour un travail de comparaison et de cadre de discussion. Il a été rédige avec l'aide des membres du bureau de l'Adij, en tenant compte des diverses interventions des participants du 2e Colloque d'Informatique Juridique de Versailles en avril 1972 organisé par l'Adij et, plus particulièrement, pour le Thème II, avec le concours:

M. *Couderc*,
Chef de la division des informations parlementaires
M.*Mehl*, Conseiller d'Etat – Vice-Président du Cedij
M. *Monzein*, Président de Chambre à la Cour d'Appel de Paris – Secrétaire Général à la Commission d'Informatique, Ministère de la Justice
M. *Solet*, de la C.G.I.
M. *Vincent*, Professeur à la Faculté de Droit et de Sciences Economiques de Lyon

THEME I

Le traitement de la documentation juridique par ordinateur et la diversité des sources du Droit.

I. DATA INPUT: Entrée des données

A. Constitution des fichiers

1. La matière à saisir

On répond généralement loi, jurisprudence, doctrine, mais, dès que l'on approfondit ces trois domaines, on constate que leurs limites ne sont pas vraiment definies, ni toujours très précises.

Pour examiner en France le contenu des différentes sources de droit et leur valeur respective, il y a lieu de rappeler que la France est un pays de droit écrit qui a adopté le principe de la séparation des pouvoirs législatif, exécutif et judiciaire.

a) Le pouvoir legislatif

La source du Droit par etcellence est la Loi »l'Assemblée Nationale vote seule la loi», c'est le pouvoir législatif.

A certaines périodes, le Gouvernement peut cependant prendre des ordonnances ayant force de loi (naguère décrets-lois), s'il a été exceptionnellement autorisé.

Certaines matières font l'objet d'une codification. Certains codes, dans leur partie législative, ont force de loi, lorsqu'ils sont adoptés ou approuvés par le Parlement, les autres codes ne sont réalisés que pour réunir les textes antérieurs qui ne peuvent être modifiés quant au fond. Il peut arriver parfois qu'il y ait discordance entre la rédaction de la loi et celle du Code, le texte de loi l'emportant alors.

b) Le Pouvoir executif

Le Gouvernement, c'est-à-dire le pouvoir exécutif, doit assurer l'exécution des lois, notamment par le moyen des décrets d'application et des décrets dits: réglements d'administration publique, généralement rendus après avis du Conseil d'Etat. Un décret ne peut abroger ou modifier une disposition de loi et le Conseil d'Etat peut annuler les décrets illégaux. Les arrêtés ministériels émanent également du pouvoir exécutif.

En outre, les Préfets ou les Maires jouissent du pourvoir réglementaire et peuvent prendre des arrêtés particuliers à leur département ou à leur commune.

La règle juridique peut être formulée d'une façon très générale et n'édicter que des principes ou directives. La tendance du législateur français moderne était opposée et tendait à donner des prescriptions réglementaires les plus détaillées, car il entendait régler de façon minutieuse la conduite et l'activité des hommes ce qui avait pour résultat une multiplication des lois qui devaient être appliquées avec le concours de l'Administration. Avec les articles 34 et 37 de la constitution la loi ne porte désormais que sur des principes et des règles générales.

Le Gouvernement peut préciser de quelle manière il faut entendre la disposition légale. Cette interprétation est officieuse, elle est donnée «sous réserve de l'appréciation souveraine des tribunaux», tel est le cas des avis du Conseil d'Etat, des circulaires ministérielles, des réponses ministérielles ou des instructions données par l'Administration à ses agents. En fait, cette doctrine administrative est très utile à connaître pour l'application courante de la loi.

c) Le pouvoir judiciaire

Du point de vue formel, la jurisprudence n'est pas, en France, une source de Droit. Un tribunal n'est jamais tenu de se conformer à une décision antérieure, fut-elle rendue par une juridiction supérieure. On ignore le système du précédent, au sens du Droit Anglais (stare decisis)

En réalité, la jurisprudence jouit d'une autorité de fait. L'autorité du précédent irait à l'encontre du principe qu'un juge ne peut rendre «d'arrêts de réglement», c'est-à-dire qu'il ne se prononce que sur le cas qui lui est soumis, mais le juge peut souvent se borner à suivre le précédent pour accomplir sa mission d'interprète de la loi et le citoyen chercher à connaître la tendance des tribunaux en pareil cas.

Il existe en France deux ordres de juridictions: les juridictions de Droit Privé et les juridictions administratives. Le Tribunal des Conflits peut être appelé à trancher des litiges relatifs à leur compétence.

Le principe adopté est celui du double degré de juridiction, lère instance, appel. En matière civile, la décision de première instance relève, selon l'importance du litige, du Tribunal d'Instance ou du tribunal de grande instance. Il faut ajouter que parallelement a ces Tribunaux de Droit commun, se sont développés des tribunaux spécialisés dits techniquement, juridictions d'exception. Exemple: Conseil des Prud'hommes pour le Droit du Travail, Tribunaux de Commerce en matière commerciale, Tribunaux Paritaires des Baux Ruraux, etc. ...

Il existe une hiérarchie des tribunaux en matière pénale: Tribunal de simple police, Tribunal Correctionnel, Cours d'Assises.

La Cour de Cassation a une place autonome dans la hiérarchie judicaire, elle ne constitue pas un nouveau degré de juridiction, sa mission est de vérifier si les juges du fond ont bien interprété et appliqué la loi. Elle prend pour acquis les points de fait. Cependant, la Cour de Cassation est souvent amenée à aller très loin dans le contrôle de l'exactitude matérielle des faits et censure leur dénaturation par rapport à leur qualification juridique.

Les juridictions administratives comprennent les tribunaux administratifs en premier ressort et le Conseil d'Etat jugeant en appel et parfois en premier et dernier ressort.

d) La doctrine

A côte de l'interprétation jurisprudentielle des règles du Droit, il existe une interprétation doctrinale qui ressort de l'opinion exprimée par les spécialistes (professeurs, conseils et, plus généralment, auteurs).

Comme la jurisprudence, la doctrine peut être ponctuelle, il en est ainsi des notes sous arrêt. Mais il peut s'agir de commentaires d'ensemble sur des textes nouveaux. Elle s'exprime aussi dans des thèses, des ouvrages spécialisés ou des traités généraux.

e) Autres sources de Droit

Nous ne mentionnons que pour mémoire comme source de Droit et matière à analyser, les traités internationaux et les conventions internationales auxquels il sera nécessaire de se référer de plus en plus fréquement, les réglementations professionnelles, les conventions collectives, la pratique et les usages.

On voit donc la variété et le rôle des différentes sources du Droit qu'il est nécessaire de connaître. Quand nous aurons parlé de leur volume et des difficultés d'accès, on comprendra mieux que nous soyons dans un premier temps contraints, en matière d'informatique documentaire appliquée au Droit, de faire des choix en fonction des buts poursuivi et d'établir des priorités, même si, à très long terme, on peut avoir l'ambition de tout mémoriser.

2. La Collecte des informations

a) Où trouver les informations?

Les lois, décrets, arrêtés sont obligatoirement publiéss au Journal Officiel ainsi que de nombreuses circulaires.

Une édition spéciale du Journal Officiel est consacrée aux débats parlementaires et aux réponses ministérielles.

Certaines circulaires ou instructions aux services non publiées, ou publiées seulement dans des recueils spécialisés sont plus difficiles d'accès. Leur intérêt juridique est d'inégale importance.

Les décisions de la Cour de Cassation ou du Conseil d'Etat sont en partie publiées dans des recueils spéciaux, par contre les arrêts des Cours d'Appel, les jugements des Tribunaux ne le sont que d'une manière très fragmentaire.

La doctrine est publiée dans de multiples revues, ouvrages, etc. ...

b) Volume des informations

Le Journal Officiel comptait environ 1200 pages vers 1920. Il en comporte 13.904 en 1973 pour environ 1.250 lois et décrets auxquels s'ajoutent environ 5.000 arrêtés et circulaires. Le volume des publications locales n'a pas été évalué. Les seuls textes législatifs et reglementaires representent, en texte intégral, un flux annuel de l'ordre de 40 millions de caractéres ou 6,5 millions de mots, leur exploitation suppose l'enregistrement de l'ensemble des textes en vigueur, soit un stock de l'ordre de 1 milliard de caractères ou 165 millions de mots.

En 1968, 2.446.459 affaires ont été jugées par les tribunaux de l'ordre judiciaire. Le Conseil d'Etat, au cours de l'année judiciaire 1967-1968, a rendu 3.182 décisions. (Annexe I).

Le nombre des seuls arrêts civils de la Cour d'Appel de Lyon est environ de 1.500 par an.

Or, il y a en France, y compris les départements et territoires d'outre-mer, 32

Cours d'Appel qui ne jugent pas seulement en matière civile. Le flux annuel de la jurisprudence publiée représenterait en abstrats et résumés, 2 millions de caractères pour les tribunaux judiciaires. Mais les décisions publiées ne représentent qu'un tiers des arrêts rendus par le Conseil d'Etat et la Cour de Cassation et une faible partie des jugements des Cours et des tribunaux administratifs.

Quant a la doctrine, on la trouve éparsé au milieu de plus de 100 revues, periodiques d'inégale importance. En un an on dénombre 5628 articles dans un échantillonnage de 20 revues et 128 ouvrages et manuels.

3. Quelles matières sont appréhendées par les Centres qui fonctionnent actuellement?[1]

a) Comment faire un choix entre l'exhaustivité et la sélection nécessaire?

L'exhaustivité de la documentation garantit la sécurité, l'objectivité; elle permet des travaux statistiques ou de sociologie, elle procure une aide au législateur (cf Thème II). Mais elle est d'un coût élevé tant pour sa mise en mémoire et son stockage que pour les temps de tri qu'elle allonge; elle est source de bruit et, pour le praticien, des documents sans portée juridique risquent d'alourdir les réponses.

En raison de la mission d'intérêt général poursuivie par le CEDIJ où sont représentés le Parlement, l'Administration et les juridictions, et par l'IRETIJ à Montpellier et certains Instituts d'Etudes Judiciaires, l'exhaustivité dans le dépouillement de la source retenue comme base a été la règle générale adoptée (cf Thème II).

Mais, si la politique d'exhaustivité demeure le principe pour les lois et décrets ou pour la jurisprudence des juridictions suprêmes, il est envisagé d'adopter une sélection lorsqu'il s'agira de prendre en compte les décisions émanant d'autres juridictions et, en tout cas, pour les Tribunaux de première instance.

Par contre, le CRIDON, organisme professionnel qui vise à répondre aux besoins en information juridique de ses adhérents notaires, praticiens du Droit, a opté pour la sélection. Il ne travaille pas par sources mais par matières, quelles que soient les sources, et ne prend que des documents normatifs intéressant ou pouvant intéresser les notaires. L'expérience démontre qu'à l'échelon du praticien, les informations les plus difficiles à trouver et souvent les plus uti-

---

[1]) CEDIJ: Centre de recherche et de Développement en Informatique Juridique
bureau: 124 rue Henri Barbusse, Aubervilliers (93) tél.: 833.89.64
siège: Conseil d'Etat, Palais Royal – Paris 1er
IRETIJ: Institut de Recherche et d'Etude pour le Traitement de l'Informatique Juridique – 39 rue de l'Université Montpellier (34) – Tél.: 72.82.82 poste 58
Institut d'Etudes Judiciaires d'Aix-en-Provence: Faculté de Droit Aix-en-Provence
Institut d'Etudes Judiciaires de Lyon: Quai Claude Bernard – Lyon (Faculté de Droit)
CRIDON: Centre des Recherches, d'Information et de Documentation Notariales – 58 bd des Belges Lyon 6 e – Tél.: 52.93.62
Editions Techniques: 123 rue d'Alésia Paris 14 e – Tél.: 828.89.09
Me. *Bordeaux:* Avoué près la Cour d'Appel 29 bd Gambette Grenoble (38) – Tél.: 44.08.01
Institut du Droit du Travail – IREP – Faculté des Sciences Sociales Saint-Martin d'Hères – B.P. 47 – Centre de Tri 38040 Grenoble Cedex Tél.: 87.99.61

les ne sont pas les règles du Code Civil, mais des interprétations administratives ou des décisions de tribunaux de première instance, surtout lorsqu'il s'agit de textes nouveaux, où la difficulté rencontrée ne fera peut-être jamais l'objet d'un recours à la Cour de Cassation.

Les groupes de travail du secteur public, après une période d'expérimentation où l'effort a porté sur le dépouillement systématique d'une source, s'orientent vers le dépouillement par matière. Ex.: urbanisme et construction, fiscalité, fonction publique.

Pour être plus précis, les sources et matières appréhendées par les différents organismes sont les suivants:

– Le CEDIJ – Cf Annexe II
– L'IRETIJ et les Editions Techniques ont un accord de coopération pour l'analyse des documents, chacun ayant ses propres fichiers et programmes d'exploitation.

Sont donc disponibles auprès de ces deux organismes:

– Les titres principaux et les titres de références des arrêts de la Cour de Cassation (1960–1969).
– L'analyse de la jurisprudence de la Cour de Cassation (1970–1972).

(Les décisions de la Cour de Cassation mémorisées sont intégralement publiées dans le Bulletin de la Cour de Cassation).

– L'analyse des articles de doctrine parus dans les 47 revues représentant les principales publications en matière de Droit Privé et de Droit des Affaires depuis 1970.
– Les réponses ministérielles parues au Journal Officiel depuis 1970 jusqu'en 1973. Seules les réponses présentant un intérêt général sont retenues, soit 800 documents par an.
– La totalité de la jurisprudence parue dans les 47 revues précitées (toutes juridictions depuis 1973).

Par contre, l'IRETIJ a seul disponible l'analyse de la jurisprudence des Cours d'Appel de Nîmes et Montpellier depuis 1970, tandis que les Editions Techniques ont la totalité des arrêts de la Cour d'Appel de Paris depuis 1971, à l'exclusion des arrêts rendus en matière pénale ou de Sécurité Sociale.

L'IRETIJ possède également un ensemble documentaire particulier en matière de propriété industrielle. Le corpus représente la jurisprudence rendue en matière de brevets d'invention depuis 1914 jusqu'à nos jours à partir de la documentation de l'Institut National de la Propriété Industrielle.

– L'Institut d'Etudes Judiciaires d'Aix-en-Provence traite depuis 1967 les arrêts rendus en matière civile par la Cour d'Appel d'Aix à l'aide de cartes perforées et d'une trieuse. Il a fait récemment des expériences de traitement par ordinateur.
– L'Institut d'Etudes Judiciaires de Lyon s'est consacré à l'étude des arrêts de la Cour d'Appel de Lyon rendus depuis 1969 en matière de circulation routière, de divorce (pensions – dommages-intérêts) et de loyers. Comme à Aix, le traitement est réalisé par cartes perforées et trieuse.

– *Me. Bordeaux* à Grenoble a analysé les arrêts de la Cour dAppel de Grenoble depuis 1968.
  Il est à noter que, pour les décisions des Cours d'Appel, il s'agit à 90% de documents inédits.
– L'Institut de Droit du Travail de la Faculté de Droit de Grenoble, avec le concours de l'Institut de Mathématiques Appliquées, traite les décisions rendues par le Conseil des Prud'hommes et la Chambre Sociale de la Cour d'Appel de Grenoble, en matière de conflits de travail depuis 1970.
– Le CRIDON, sa documentation est sélectionnée depuis 1962 à la fois sur le plan législatif, jurisprudentiel (toutes juridictions) et doctrinal, à partir d'une centaine de revues.
  Il est à noter qu'aucun Centre en France n'envisage pour l'instant de mémoriser la doctrine générale figurant dans les traités.

b) Si dans un domaine la totalité de la documentation est traitée, comment, en pratique s'assure-t-on que rien n'a été oublié?

Lorsqu'une codification a eu lieu, elle est considérée, en principe, comme exhaustive. A l'heure actuelle, la codification aide l'informatique; plus tard, l'informatique devrait faciliter la codification (cf Thème II).

Dans les autres cas, à l'aide de différentes publications et par le recours à des spécialistes, on espère atteindre l'exhaustivité.

c) Si une sélection des documents est effectuée, sur quelles bases et par qui est décidée cette sélection?

En matière judiciaire, il n'y a pas d'exhaustivité totale car sont éliminées d'office les décisions de non-lieu, désistement, rejet pour forclusion ou les décisions répétitives. De même, ne sont pas prises en compte les décisions sans intérêt, voire aberrantes. Il y a là évidemment une question d'appréciation tranchée soit par un magistrat de la juridiction concernée, soit par l'organisme de documentation.

Une sélection est également opérée pour les réponses ministérielles très souvent répétitives, ou ne répondant qu'à un cas particulier.

Lorsque, délibérément, un organisme comme le CRIDON a choisi de répondre aux besoins d'une certaine clientèle en ne retenant que les documents de portée normative dans les branches du Droit qui l'intéressent, le choix est fait par les juristes du Centre lui-même, parfaitement au courant des besoins, à partir soit des publications originales, soit en utilisant la sélection déjà opérée par les revues.

B. Entrée en machine

1. Mise en forme des documents

On oppose souvent texte intégral (full text) et indexation.

Or dans le procédé d'enregistrement du texte intégral, le fichier inversé ne comporte que les mots significaitfs à l'exclusion des mots »vides«. Dans une indexation, on retient presque tous les mots significatifs du texte considéré. Dans les deux procédés, il faut expliciter les notions implicites.

Les deux procédés reposant sur l'utilisation des mots, il n'y a pas entre eux de différence fondamentale de nature, mais plutôt une différence de méthode. Il faut toutefois signaler que des recherches sont poursuivies par la Compagnie Générale d'Informatique en vue d'utiliser non plus les mots mais la phrase en appliquant les principes de la grammaire transformationnelle de Chomsky.

Le full text prend en compte les mots mêmes du document et permet d'éliminer le concours d'indexeurs. C'est donc une garantie d'objectivité et un moyen d'économie, abstraction faite du travail d'explicitation. L'entrée en machine peut être ainsi plus rapide. Enfin, le texte intégral accroît les possibilités d'aide au travail du législateur (cf Thème II).

Mais l'extrême diversité des modes de formulation d'une même idée tant sur le plan grammatical, syntaxique que conceptuel est une source de silences et de bruits. Pour y parer, le travail de vocabulaire doit être extrêmement poussé.

Le coût d'enregistrement en texte intégral est élevé en raison du volume, à moins que la saisie des données ne serve à la fois pour la composition typographique destinée à l'édition et pour la constitution du support informatique (cf Thème II). Le nombre des caractères à stocker est considérable et les temps de tri croissent d'autant, donc les prix.

Dans un système d'indexation, la question de vocabulaire est résolue à l'entrée des documents, alors qu'en full text ce problème doit être traité à la sortie. Mais l'indexation par les conventions et les contraintes qu'elle impose, résout par là même de nombreuses difficultés, par exemple: celle des formes grammaticales si l'on admet qu'en principe c'est le substantif qui est retenu pour exprimer le contenu conceptuel des termes ou la création de notions insécables.

Le procédé d'indexation, coûteux par la nécessité de recourir à des indexeurs compétents, est plus économique sur le plan informatique (stockage et tris) et la » question«, sous réserve de la qualité du thésaurus, est plus facile à poser et la recherche plus efficace.

En France, le CEDIJ utilise le »full text« pour les lois et les décrets. Pour la jurisprudence de la Cour de Cassation et du Conseil d'Etat, il enregistre les résumés et abstrats des décisions. Les autres organismes emploient l'indexation pure et simple. On admet d'une façon unanime qu'il n'est pas nécessaire d'appréhender les décisions »en full text« dans leur intégralité.

2. Etat actuel des fichiers et évolution prévisible

Il faut préciser que l'on entend par »document« l'unité d'information et non l'unité documentaire, exemple: une loi (unité documentaire) comporte de multiples unités d'information (ex: articles ou alinéas).

Si l'on se réfère au nombre de caractères stockés, le »full text« sera forcément plus volumineux (ex: CEDIJ) et entre les systèmes d'indexation, il faut également noter que certains comme celui utilisé par l'IRETIJ ne mémorisent que l'abstrat tandis que le CRIDON mémorise abstrats, résumés et références bibliographiques (l'investigation ne se faisant que sur les abstrats).

Chacune des expériences gère une banque de données de l'ordre de 30 à 40 millions de caractères.

II. Data analysis: Le traitement des données

A. Definition des objectifs des systemes

Le CEDIJ a eu comme objectif de rechercher ce qu'il fallait faire pour créer, à terme, un centre national d'informatique juridique, essentiellement orienté vers le secteur public, non spécialisé, et dont la rentabilité socio-économique globale pourrait être assurée. L'ouverture à la clientèle privée pourrait contribuer à la réalisation de l'équilibre financier.

L'IRETIJ a d'abord été un centre de recherche et de mise au point d'un système pour l'analyse de la jurisprudence en vue de dégager des méthodes. En raison de préoccupations financières, le fonds documentaire constitué aux fins de recherche est exploité et élargi à de nouveaux domaines.

L'Institut d'Etudes Judiciaires d'Aix-en-Provence: Par le dépouillement systématique des arrêts de la Cour d'Aix, cet Institut a cherché à réaliser des études de sociologie judiciaire et à rentabiliser l'opération en mettant son fichier à la disposition des avoués, des avocats et des magistrats de son ressort.

Le CRIDON: Il ne s'agissait pas pour cet organisme privé de la construction d'un modèle théorique, mais de la constitution d'un fichier documentaire adapté aux besoins des juristes du CRIDON et des notaires affiliés. Cet impératif explique que le fonds documentaire soit pluridisciplinaire, dans la mesure où chaque discipline intéresse les notaires, et constitué à partir des différentes sources.

Le fonds documentaire ainsi réalisé depuis 1962 a été traité par le procédé à sélection optique Peek a boo. Le passage à l'informatique visait à utiliser les capacités de mémoire des ordinateurs et leur rapidité de tri et à rendre accessible le fonds au plus grand nombre, grâce au télétraitement et au système conversationnel avec thésaurus intégré.

B. Creation et mise a jour de la base de donnees

Le stockage est en général réalisé sur disques magnétiques. L'amélioration constante de la capacité des mémoires devrait éviter d'avoir des difficultés dans l'avenir sur ce point.

L'accès à la base de données est direct.

La mise à jour de la base de données est particulièrement délicate en matière juridique. En effet, si tout fichier de documentation s'enrichit par l'adjonction de nouveaux documents, entièrement autonomes, dans le fichier de base, en matière juridique, en plus des liaisons par sujet que nous appellerons »liens de connexion«, il existe entre les documents des liens de dépendance étroits que nous appellerons »liens organiques«, soit qu'il s'agisse de documents de même nature se faisant suite, exemple: le décret d'applicaiton de la loi; le jugement de première instance, l'arrêt de la Cour d'Appel, la dècision de la Cour de Cassation et l'arrêt de renvoi, soit qu'il s'agisse de documents de nature différente mais qui s'expliquent les uns les autres, exemple: réponse ministérielle à propos de tel article de loi.

Ces liaisons doivent être assurées par le système aussi bien de manière ascendante en remontant au document de base que de manière descendante en pouvant connaître les documents postérieurs qui l'ont affecté.

De plus, si pour des centres de documentation technique, on peut admettre qu'un document est périmé ou perd son intérêt du fait de son obsolescence, en matière juridique, l'ancienneté d'un document n'est pas en soi une cause de péremption: exemple, la loi du 25 Ventôse an XI est toujours applicable aux notaires; malgré un revirement de jurisprudence, les décisions antérieures à ce revirement peuvent garder leur intérêt pour d'autres cas; enfin, en dépit d'un nouveau texte, un texte ancien abrogé, en raison du principe de la non-rétroactivité des lois, peut pendant de très nombreuses années continuer à régler des situations acquises.

On pourrait envisager un accès séquentiel pour des documents anciens ou pour des documents dont la fréquence d'interrogation est moindre et qui seraient alors stockés sur bandes. Il pourrait en être notamment ainsi pour les rédactions successives d'un même texte législatif ou réglementaire dont il faut conserver les états antérieurs anciens.

C. Dictionnaire – Thesaurus – fichier inverse

- Le fichier inversé. C'est l'ensemble des mots réputés non vides contenus dans la base de données, suivis de leurs occurences, c'est-à-dire de leurs numéros de référence aux documents.
- Le dictionnaire est la liste des mots classés alphabétiquement avec leurs variations grammaticales ou allotaxiques.
- Le thésaurus met en évidence les relations sémantiques. Mathématiquement, il se présente comme un treillis qui est une catégorie de graphe.

Le thésaurus est essentiellement une construction de l'ésprit. Cependant, des relevés Kwic[2] peuvent aider à sa construction. De même, l'expérience acquise par la formulation des questions posées et les résultats obtenus permettent de l'enrichir. Enfin, des programmes utilisés en linguistique peuvent permettre un relevé systematique de voisinages.

Après une phase de croissance rapide, le vocabulaire juridique, dans une matière, tend à se stabiliser, mais le thésaurus doit rester ouvert à toute modification, enrichissement ou suppression. Le vocabulaire de fait quant à lui s'enrichit perpétuellement.

Si l'on parvient à utiliser les possibilités des grammaires transformationnelles, un système de règles abstraites se substituera au thésaurus pour reconnaître les structures existantes enregistrée dans la base. C'est l'ordinateur qui, travaillant sur l'ensemble de ces règles abstraites, générera les liaisons et on aura ainsi l'équivalent du thésaurus, mais évoluant de manière permanente.

Des recherches, en ce sens, sont poursuivies, notamment par la Compagnie Générale d'Informatique à Paris.

D. Formulation de la question

Dans toutes les réalisations françaises, les questions sont posées en clair, c'est-à-dire avec des mots ou de groupes de mots non codés.

Si ces mots sont ceux du langage naturel, il ne s'agit que de mots et non pas de

---

[2]) Keywords in context

phrases du langage naturel, sauf dans les recherches dont il est fait état ci-dessus.

Les Editions Techniques ont cependant mis au point un système d'interrogation qui se rapproche du langage naturel.

Les opérateurs logiques utilisés sont les opérateurs booléens classiques »et« »ou« »sauf«, avec quelques variantes, exemple: restricteur de distance (mots dans la même phrase ou à une distance donnée).

Pour l'instant les relations syntaxiques ne sont pas prises en compte.

Des essais sont faits pour prise en considération des relations d'appartenance ou d'inclusion, d'effet sûr, de changement, etc. ... Exemple: transformation d'une société à responsabilité limitée en société anonyme.

Les opérateurs peuvent être utilisés entre des mots ou des ensembles de mots.

E. Niveau d'interrogation

Par niveaux d'interrogation, on peut entendre:

- Le niveau correspondant à la structuration de l'abstrat: Niveau général de document, niveau intermédiaire du paragraphe, niveau spécifique de la phrase, l'interrogateur ayant la possibilité de jouer sur la place des mots dans la phrase (IRETIJ).
- Le niveau de généralité ou de spécificité de la question, les systèmes se prêtant aux deux types de question.
- Le niveau correspondant aux différents modes d'interrogation.

• Question »simple« sur fichier inversé pour lister les références d'un seul descripteur.

• Question »stricte« portant sur descripteurs reliés par des opérateurs logiques dont la réponse comporte uniquement les documents possédant les descripteurs tels qu'ils sont définis et liés par la question.

• Question »évoluée« avec réponses intermédiaires, pondération et recherche approchée.

La question »stricte« est la plus couramment employée et donne de bons résultats si l'interrogateur connaît bien le thésaurus et utilise une bonne stratégie de recherche dans la formulation de sa question.

La question »évoluée« plus coûteuse permet d'obtenir par étapes successives:

- des documents pertinents à 100%
- puis d'obtenir des documents non pertinents à 100%, mais qui peuvent être intéressants, soit directement, soit indirectement, pour remonter une nouvelle filière documentaire. C'est à la fois un moyen de lutte contre le silence et de lutte contre le bruit.

A des degrés différents, tous les systèmes utilisent ces divers modes d'interrogation.

Le mode d'interrogation envisagé en ce qui concerne le traitement est un mode conversationnel. Mais, là encore, l'ampleur de la conversation varie d'un système à l'autre, allant de l'annonce du nombre de documents pertinents trouvés à un véritable dialogue sur le contenu du thésaurus et le contenu des fiches sélectionnées.

Au point de vue du software, le mode conversationnel et la question »évoluée« nécessitent une programmation spéciale, l'intégration du thésaurus et, au moment des tris, la création de fichiers intermédiaires pour l'obtention de résultats provisoires. L'interrogation est donc plus coûteuse que dans un système non conversationnel qui se limite aux questions dites »strictes«. De plus, un système conversationnel suppose généralement que l'on travaille en temps réel, ce qui est plus onéreux que le traitement par lot ou la réponse en temps différé.

III. Data Output: Sortie des données

A. Acces aux systèmes documentaires

Nul n'étant censé ignorer la loi, il est logique qu'en principe, tout citoyen puisse obtenir des renseignements des centres de documentation juridique de caractère public.

Cela n'implique pas une interrogation matérielle directe des systèmes par n'importe qui car, en fait, l'intervention d'un juriste est nécessaire pour poser une question en langage juridique, c'est-à-dire avec les mots techniques appropriés. De plus, même si certains juristes abonnés au centre d'informatique sont à même d'interroger directement le système, l'intermédiaire des juristes documentalistes des centres sera indispensable pour tous ceux qui n'auront pas appris à l'utiliser couramment et à formuler leurs questions avec des opérateurs logiques.

Mais la base de données ne doit pas être seulement accessible à tous théoriquement, elle doit l'être aussi pratiquement, c'est-à-dire au niveau des coûts de façon à ne pas créer deux catégories de citoyens ou de juristes, ceux qui ont les moyens de s'informer et ceux qui ne les ont pas.

Ce problème de monopole de l'information ne se pose pas seulement au niveau de l'accès au système documentaire, mais encore au moment de la constitution de la base de données, car il faut être à même de contrôler sa parfaite objectivité.

Le CEDIJ pourra prochainement fournir de la documentation aux administrations intéressées. L'IRETIJ et les Editions Techniques peuvent actuellement répondre à tout demandeur mais, pour les arrêts des Cours d'Appel de Nîmes, Montpellier et Paris, ils répondent plus spécialement aux avocats et magistrats de ces Cours. De même, l'Institut d'Etudes Judiciaires d'Aix-en-Provence répond aux avocats des Barreaux d'Aix et Marseille; le CRIDON est, pour l'iinstant, réservé au notaires.

Actuellement, tous les centres servent d'intermédiaire et formalisent les questions, il n'existe pas de self-service. A plus long terme, le CRIDON vise à rendre le système accessible directement à plusieurs groupes d'utilisateurs, ce qui a nécessité l'intégration du thésaurus et l'institution d'un système conversationnel vers lequel s'orientent aussi les autres Centres.

C'est, dans toutes les réalisations, le listing obtenu de l'ordinateur qui est adressé en réponse au demandeur. Mais les documents bruyants peuvent être manuellement supprimés et la réponse peut, à l'inverse, être complétée par les moyens de recherche traditionnels pour les années non incluses dans le fonds documentaire. Le CRIDON va jusqu'à l'exploitation de la documentation obtenue en fournissant une consultation en réponse au cas posé.

B. La definition du produit

1. Contenu et présentation du document réponse

L'ordinateur peut ne donner que des numêros de documents stockés en dehors de la machine. C'est le premier stade de réponse élémentaire peu différent du résultat qui peut être obtenu avec une trieuse.

Puis vient la réponse limitée à la référence bibliographique avec ou sans abstrat.

Elle peut être complétée par le résumé ou le texte intégral si celui-ci a été enregistré ou des citations extraites de ce texte intégral limitées à quelques lignes du document.

Les Centres qui ne pratiquent pas le texte intégral peuvent fournir la photocopie des documents cités.

En général, le dialogue a lieu sur un écran et la réponse est obtenue sur une télé-imprimante. Les systèmes utilisent indifféremment ces deux sortes de terminaux. De plus, au cas de réponse longue, on peut obtenir une édition sur une imprimante lourde, en différé.

Les réponses peuvent être définitives, c'est le cas de la question »stricte«; il est possible d'obtenir des résultats intermédiaires plus ou moins précis dans la question »évoluée« (cf ci-dessus II – E – Niveaux d'interrogation).

2. La réponse est-elle fournie immédiatement ou après délai?

Tous les systèmes ont été conçus pour permettre l'obtention instantanée de la réponse.

Mais en pratique, les utilisateurs passant par un Centre intermédiaire devront attendre pour leur réponse le temps des délais de transmission postale ou téléphonique, même si la réponse de l'ordinateur est instantanée. On peut cependant imaginer d'utiliser le réseau télex pour transmettre plus rapidement la réponse de l'ordinateur au domicile de l'interrogateur.

De plus, la grande majorité des centres ne disposent pas actuellement d'un ordinateur à plein temps et doivent attendre les heures de connexion qui leur sont réservées.

On peut donc, dans un premier temps, fonctionner en batch ou en remote batch, puisque l'utilisateur, de toute façon, n'aura pas sa réponse immédiatement. Les possibilités de dialogue avec l'ordinateur et de réponses intermédiaires sont alors considérablement réduites.

Etant donné le développement prévu du télétraitement et l'ambition de mettre les systèmes à la disposition du plus grand nombre, il était sage d'écrire le software pour des systèmes conversationnels en temps réel, ce qui est le cas de tous les programmes utilisés en France.

C. Considerations economiques

A terme, tous les systèmes visent à fonctionner selon la vérité des coûts, le prix de revient de fonctionnement du centre étant couvert par le prix des interrogations ou rentabilisé par des sous-produits (cf Thème II).

Aussi bien, à côté de l'équilibre financier, il faut prendre en considération, notamment, pour les réalisations du secteur public, la rentabilité socio-économique globale, actuellement difficilement chiffrable.

A l'heure actuelle, les Centres que nous connaissons sont en période d'investissement tant pour la mise au point du software, la définition des méthodes, la réalisation des thésaurus que pour la constitution des stocks. Ces dépenses, dans un premier temps, ne pourront pas être amortie sur le coût de la question qu'elles grèveraient trop lourdement.

Les Centres relevant du secteur public ont travaillé à l'aide de subventions émanant de ce secteur qu'il s'agisse de ministères, en particulier, le Ministère de la Justice, du Centre National de la Recherche Scientifique, de la Délégation à l'Informatique.

Le CRIDON, quant à lui, tire ses ressources, pour l'ensemble de ses activités, d'une cotisation professionnelle des notaires basée sur le montant des produits bruts des Offices, la recherche informatique n'en étant qu'un volet. La Délégation à L'Informatique a passé avec le CRIDON une convention de recherches sur le problème des mises à jour.

Il faut, d'autre part, signaler l'initiative entièrement privée de Me *Bordeaux*, Avocat à la Cour de Grenoble, pour les arrêts de la Cour d'Appel de Grenoble.

Conclusion

L'information des juristes est indispensable pour démythifier l'ordinateur, faire connaître ses immenses possibilités, mais ausi préciser ses limites en donnant une idée des difficultés rencontrées.

L'ADIJ – Association pour le Développement de l'Informatique Juridique[3] – chargée de la préparation de ce Congrès, joue en ce domaine un rôle essentiel de sensibilisation et d'impulsion en organisant des colloques et en publiant une revue. C'est également un point de rencontre entre les responsables des systèmes pour parvenir à une coordination.

Mais il ne suffit pas d'informer, il faut encore former. Déjà, plusieurs Facultés de Droit ont créé des cours d'informatique juridique (Paris, Montpellier) et des stages sont organisés à cet effet dans les différents Centres.

Si l'informatique juridique – qui, aux Etats-Unis, au Canada et, plus près de nous, en Belgique, est déjà une réalité – peut encore paraître à certains esprits Français inutile, coûteuse, utopique, voire dangereuse, il est certain que, pour les nouvelles générations de juristes élevés à l'ère de l'ordinateur, le recours à ces procédés paraîtra normal. Des résultats tangibles sont déjà obtenus. Dans ce secteur, nous travaillons pour l'avenir et il faut préparer nos futurs juristes à cette nouvelle discipline.

---

[3]) Centre Dauphine, Avenue de Pologne – 75775 Paris CEDEX 16

Thème II

La theorie et la pratique du droit dans les differents systèmes juridiques face à l'informatique

Alors que le premier thème du Congrès était axé sur l'informatique juridique documentaire et visait à faire le point des réalisations et de la pratique, ce second thème a une caractère beaucoup plus prospectif et a trait aux autres applications possibles et aux effets de l'informatique juridique à plus ou moins long terme qui, sauf de très rares exceptions, ne sont pas encore apparus, en raison du caractère très récent des applications de cette discipline.

Mais, il s'agit précisément de prévoir ces effets ainsi que certains développements de l'informatique juridique à des fins d'efficacité.

I. L'influence de l'informatique sur les techniques juridiques

1. Les travaux législatifs

Il est certain que l'informatique juridique peut être un outil efficace pour le législateur pour la préparation des lois, améliorer la qualité de leur rédaction et en accélérer le processus, contribuer à leur édition.

Au niveau de la préparation des textes législatifs et réglementaires, l'informatique juridique permettra un accroissement de l'information mise à la disposition du législateur, qu'il s'agisse des parlementaires travaillant individuellement ou en commission, pour la rédaction d'une proposition de loi ou d'amendements d'un texte en cours de discussion ou qu'il s'agisse des autorités réglementaires chargées de rédiger les projets de lois ou les textes d'application des lois nouvelles.

La vérification ou la recherche d'un plus grand nombre de références ou même des documents eux-mêmes dont la consultation est nécessaire à l'élaboration de la loi nouvelle ou à la modification de la loi ancienne, l'accès à la totalité de la législation et surtout de la réglementation applicable en la matière, à la jurisprudence (et pas seulement à celle qui est publiée dans les revues juridiques) devraient permettre de légiférer en connaissance de cause, d'éviter les doubles emplois, erreurs, contradictions, omissions de références et renvois à d'autres textes.

L'informatique offre en particulier la possibilité de substituer l'abrogation explicite (énumération complète des textes abrogés) à l'abrogation implicite générale » des dispositions contraires« source de maintes difficultés et de perte de temps pour les juristes.

L'obtention des données juridiques brutes pourra être complétée par une consultation plus complexe de ces mêmes données pour obtenir des renseignements statistiques.

Avant l'élaboration d'un texte ou en vue de toute modification ultérieure, le législateur pourrait savoir où en est l'application d'une loi importante, à quel contentieux non seulement qualitativement mais quantitativement elle a donné lieu. Il bénéficierait d'une aide à la décision extrêmement importante.

La rapidité de l'obtention de l'information, compte tenu du rythme de travail des assemblées parlementaires, constitue aussi un avantage capital.

On pourrait concevoir de même un accès automatisé aux travaux préparatoires de la loi (documents parlementaires, comptes rendus de séances publiques) dont les analyses ou les références importantes auraient été mémorisées, ainsi qu'à l'information contenue dans les questions parlementaires écrites ou orales et les réponses du Gouvernement.

L'intégration immédiate des amendements à un texte en discussion et la diffusion rapide des états successifs de ce texte éclairciraient les débats et faciliteraient la rédaction définitive.

Les relevés systématiques des textes devraient également faciliter et accélérer les travaux de codification.

2. Le travail parlementaire

Outre le travail d'élaboration de la loi (voir ci-dessus), le contrôle parlementaire sur l'activité du Gouvernement peut être facilité pour les raisons déjà exposées lors de la rédaction des questions écrites ou orales ou dans tout débat où le Gouvernement est interrogé sur sa politique législative.

Dans la réponse des députés au courrier parlementaire, les avantages attendus de l'information automatisée pour la recherche de textes applicables à une matière ou à un cas déterminé devraient également apparaître.

A l'heure actuelle, aucun système de documentation juridique automatique ne fonctionne à l'Assemblée Nationale. Des contacts ont été pris par le CEDIJ avec les services de documentation du Parlement pour étudier les modalités d'une collaboration, mais aucune décision n'a, à l'heure actuelle, été prise à ce sujet par les autorités responsables de l'Assemblée.

De même, des études sont en cours avec l'Imprimerie Nationale pour parvenir à l'intégration de la composition typographique dans la chaîne des opérations informatiques afin qu'une frappe unique vaille à la fois pour l'impression en vue de la publication des lois et réglements et comme moyen de saisie de données pour l'ordinateur. Certains matériels permettent en effet de réaliser lors de la frappe d'une part une photographie du texte en vue de sa photo-composition, d'autre part l'enregistrement sur cassette ou sur bande ou sur carte pour la mise en mémoire.

La nouvelle édition du Code des Impôts a été élaborée en composition automatique, les perspectives sont donc satisfaisantes. Il peut subsister des difficultés d'ordre social et économique. En effet, le statut du personnel de l'Imprimerie Nationale, en particulier, celui des typographes, la définition de leur poste, leur reconversion et la structure générale de l'Imprimerie devront être modifiés et cela pose de nombreux problèmes qui ne peuvent être résolus rapidement.

Si la composition typographique et la saisie des données peuvent être faites en une seule frappe, la lecture optique devient inutile. Par contre, elle garde tout son intérêt pour les documents qui font l'objet d'un dépouillement sur bordereaux dactylographiés.

Les techniques informatiques incitent à une plus grande discipline dans la présentation et la rédaction des textes, exemple: numérotation des articles, titrage des chapitres et paragraphes, rédaction d'intitulés significatifs, prohibition des textes traitant de plusieurs sujets, et même respect de la méthode cartésienne qui consiste à ne traiter qu'une seule idée par unité documentaire, l'unité documentaire pouvant être un article de la loi.

Mais il ne faut pas oublier le principe de liberté du législateur qui est le corollaire de la souveraineté nationale.

Si un effort peut être demandé aux services qui préparent les projets du Gouvernement ou rédigent les textes règlementaires, voire aux commissions parlementaires qui élaborent les propositions de lois, les amendements introduits au moment de la discussion restent libres et l'oeuvre souveraine du législateur en assemblée parlementaire.

L'utilisation de l'informatique dans le domaine législatif exercera sans doute une influence sur la rédaction des lois, plus particulièrement à l'occasion des codifications, notamment sur le style ou la terminologie employée, mais cette influence ne se manifestera que progressivement et sera forcément limitée.

3. La fonction juridictionnelle:

a) Sur le plan civil

C'est en matière de documentation juridique, recherche de jurisprudence, harmonisation des décisions que l'informatique est appelée à rendre le plus grand service en facilitant le travail du magistrat.

Outre la documentation juridique proprement dite, le juge a besoin des chiffres, ce qu'on peut appeler les matières quantifiables. Exemple: évaluation d'indemnités d'expropriation, évaluation des préjudices.

Libéré des recherches longues et souvent incomplètes, le juge bénéficiera de plus de temps pour sa tâche essentielle: réfléchir, décider et rédiger.

Sa réflexion sera étayée par la connaissance de toutes les données juridiques nécessaires, ce qui n'implique pas une stagnation de la jurisprudence mais, au contraire, facilitera son évolution raisonnée.

Les données quantitatives permettront d'éviter les disparités de traitement qui, à l'heure actuelle en France, sont, par exemple, de l'ordre de 1 à 3, en matière de réparation.

En matière de préjudice corporel, chaque juge dans son ressort s'en remet, au nom de sa liberté d'appréciation qu'il ne faut pas lui retirer, bien entendu, à un certain impressionnisme qui n'a rien de scientifique. L'informatique peut lui donner le moyen d'être éclairé et informé. Ses décisions relèveront alors d'une véritable étude à partir de laquelle il pourra faire jouer son appréciation personnelle au regard de circonstances particulières, ce qui est préférable à une tarification.

L'expérience quotidienne des tribunaux montre que ceux-ci sont encombrés par une foule de petits litiges.

Il serait possible de banaliser un certain nombre de jugements de type courant en établissant des questionnaires qui alimenteraient la réflexion du juge et contribueraient à la formation d'une pensée juridique plus analytique et plus systématique.

L'automatisation des affaires simples ne pouvant se concevoir avec une rédaction entièrement personnelle pour chaque magistrat, l'informatique conduira, dans bien des cas, à l'adoption de formules standards, claires, concises, bien étudiées, qui devront être rédigées cependant de manière à tenir compte de tous les paramètres.

Lorsque la forme d'un acte (exploit d'huissier, formulation d'un arrêt) aura été reconnue satisfaisante par la Cour Suprême, la certitude d'une reproduction exacte mettra le juge à l'abri d'une cassation par suite d'une erreur matérielle ...

En ce qui concerne la rédaction des décisions, l'informatique amènera le juge à s'interroger avec plus de rigueur sur le choix des termes à employer. En effet, l'automatisation de la recherche documentaire s'accommode mal de l'approximation du vocabulaire. L'adoption du mot juste, la mise à l'écart du pseudo-synonyme s'imposent. Le caractère »littéraire« de la décision aura tendance à s'effacer au profit du caractère »plus scientifique« d'une rédaction plus précise, répétant le mot propre autant de fois qu'il sera nécessaire.

Lorsqu'une décision (arrêt ou jugement) doit être mise en mémoire, sa concision et la précision des termes employés seront les deux qualités essentielles.

A Montpellier et à Nîmes, où les arrêts de ces Cours sont mémorisés, les magistrats acceptent de suivre la grille d'analyse documentaire pour la rédaction de leurs décisions.

b) Sur le plan gestion

Outre l'informatique documentaire juridique, il existe une informatique de gestion juridictionnelle qui progresse assez rapidement.

L'informatique permet de parvenir plus rapidement et avec une plus grande rigueur à la mise en état des procédures.

Dans chaque juridiction, la tenue d'un »bureau d'ordre« civil géré par un ordinateur doit favoriser la recherche des »précédents« (qu'il s'agisse d'affaires en cours ou terminées). Elle permettra d'établir des »ponts« entre certaines affaires civiles et pénales (exemple: divorce, non représentation d'enfant, saisie, détournement d'objets saisis ...).

Cette gestion d'un bureau d'ordre civil permettra, en outre, sans nouvelles écritures ou saisies de données, de tenir une comptabilité non seulement traditionnelle mais analytique.

De même, les »données« saisies pour tenir le bureau d'ordre, donneront au Président de chaque Tribunal la possibilité de suivre régulièrement le fonctionnement de ses services, de connaître à temps les surcharges, l'existence de »goulots« d'étranglement au niveau de certaines procédures.

Des expériences sont en cours dans les tribunaux de la couronne de Paris.

Enfin, la tenue permanente de statistiques exactes offre la possibilité se suivre le contentieux de l'application d'une loi et ainsi d'en apprécier les effets et, éventuellement, de la modifier.

c) Dans le domaine pénal

Actuellement, certains services, numériquement importants, ne peuvent cependant plus assurer leur tâche, devenue excessive, dans des conditions satisfaisantes:

C'est ainsi que, pour la recherche des »précédents«, le taux d'erreurs (principalement par omission) atteint parfois 50%.

Il est des greffes qui ne sont pas en état de délivrer des extraits de casier judiciaire avant 8, 10 ou même 15 jours, alors que certaines décisions ou certains actes sont subordonnés à cette délivrance.

Des tribunaux sont obligés de laisser se prescrire des infractions qui, en d'autres temps et d'autres lieux, se termineraient par des condamnations.

Là encore, l'informatique, en soulageant de tâches purement matérielles ceux qui participent à l'action de la justice, apportera une aide et un gain de temps au bénéfice de la partie noble de leur fonction.

Plus particulièrement, avec l'extension des moyens de communication, la délinquance d'un individu tend à être de moins en moins localisée géographiquement. Tel spécialiste de l'escroquerie n'opérera pas dans une seule ville ou dans quelques localités voisines, mais dans toute une région. Seuls des bureaux d'ordre régionaux automatisés, reliés entre eux, donneront la possibilité de joindre toutes les procédures couvrant l'activité délictuelle d'un individu. De tels bureaux d'ordre ne sont guère rèalisables sans le recours aux techniques modernes d'automatisation.

L'utilisation, au niveau du greffe, d'informations saisies au niveau du Parquet (état-civil du prévenu, qualification de l'infraction, textes visés pour la poursuite ...) favorisera l'interpénétration du secrétariat du Parquet et du Greffe.

Enfin, les remarques faites en matière civile sur les statistiques et leur exploitation (par le législateur notamment), sur la tenue de »tableaux de bord« pour le Président, sur la possibilité d'une meilleure appréciation du fonctionnement des juridictions, sont également valables dans le domaine pénal.

On pourrait également envisager de prévoir, en fonction des perspectives et des évolutions des 5 ou 10 années à venir, la distribution des services, celle des affaires et même la nomination des magistrats en fonction des besoins futurs.

d) D'une manière plus générale

L'automatisation ne peut jouer que sur des travaux répétitifs et banaux (en fait ils sont nombreux) à l'exclusion de la partie noble de la fonction du juge (entendre les explications des parties, réfléchir et décider) à l'exclusion également des affaires complexes.

Allégeant les charges du magistrat et des auxiliaires de justice, l'informatique doit contribuer à la réalisation d'une justice plus rapide, plus équilibrée et par suite meilleure.

Sur le plan intellectuel l'informatique amène magistrats et auxiliaires de justice à une prise de conscience. Ils doivent, non seulement repenser les techniques actuelles de la Justice, la qualité de ses réalisations, mais encore rechercher les méthodes à mettre en oeuvre pour faire face à l'augmentation de la criminalité. Elle les contraint à des analyses rigoureuses de la situation présente, à une critique sans complaisance des solutions imposées par la tradition, à trouver les moyens de résoudre les problèmes difficiles auxquels ils sont confrontés. En un mot, elle l'oblige à sortir de la routine tout en lui conservant entières sa traditionnelle liberté et son indépendance.

4. La doctrine

Tout comme le législateur ou le juge, les auteurs pourront obtenir très rapidement la documentation de base nécessaire à la rédaction de leurs articles et ouvrages et, mieux et plus vite informés, ils pourront se consacrer plus entièrement à leur tâche de réflexion.

En revanche, il serait très utile que les auteurs acceptent de donner à leurs articles des titres significatifs ou, à défaut, de les sous-titrer de manière explicite et, éventuellement, de les assortir d'une table des matières.

Dans d'autres domaines que le Droit, leurs auteurs rédigent eux-mêmes un résumé de leurs articles et les revues n'acceptent de les publier qu'à cette condition. On peut penser que, lorsque le système d'informatique juridique aura atteint un seuil de diffusion suffisant, les auteurs se plieront à cette discipline si telle est la condition pour que leurs écrits soient pris en compte ou cités.

De même, pour les ouvrages, quelques règles simples de présentation et de numérotation des paragraphes faciliteraient grandement la mise en mémoire.

Si la diffusion de la loi, de la jurisprudence ou de la doctrine administrative ne pose aucun problème de droits d'auteurs, ainsi que la citation des références bibliographiques de la doctrine, il en est différemment de la diffusion de la doctrine elle-même ou éventuellement de son analyse et des droits des éditeurs sur la reproduction de la typographie des publications par leur revue des textes et décisions judiciaires.

A notre connaissance, en France, le problème du copyright à l'occasion de la mise en mémoire et surtout de l'édition des réponses aux questions posées n'a pas encore fait l'objet d'études systématiques. Nous en avons cependant conscience et des solutions pourraient être recherchées dans un système de redevances.

Comme pour la loi elle-même, la mise sur ordinateur de la doctrine administrative facilitera le travail législatif et le travail parlementaire (cf ci-dessus) et sera un moyen d'eviter les doubles emplois, erreurs, etc. ... (cf ci-dessus Thème II A 1). Elle faciliterait d'éventuelles codifications des circulaires dans le maquis desquelles il devient parfois très difficile de se retrouver. Il en découlera une certaine unification.

Inversement, et comme pour les lois, il serait souhaitable que, dans leur rédaction et leur présentation, il soit tenu compte des impératifs de l'informatique.

5. La pratique du Droit

L'accès à l'information étant automatisé et accéléré, une plus grande partie du temps d'activité pourra être consacrée à la préparation intellectuelle de la consultation ou de l'acte.

L'informatique peut faciliter la rédaction des actes. Pour chaque type d'acte courant, il peut être dressé un catalogue mémorisé des clauses constantes et des principales variables. L'acte étant programmé, par l'appel de certaines clauses, l'acte pourra être rédigé automatiquement, étant précisé que les éléments spécifiques de l'acte (nom des parties, prix, clauses particulières) peuvent être insérés dans le corps de l'acte. Des machines à mémoire rendent déjà ce service, mais l'ordinateur devrait permettre d'aller plus loin en vérifiant automatiquement la compatibilité des clauses entre elles et en donnant la réponse à certains problèmes simples, par exemple, en matière de succession ou de société.

Mais, et c'est là l'aspect »management« de l'informatique juridique, l'ordinateur doit donner une assistance dans la gestion du dossier, car la rédaction n'est qu'une étape et le praticien en amont et en aval de cette rédaction doit accomplir bon nombre d'opérations (demandes de pièces, publicité, etc.) que l'ordinateur peut lui rappeler automatiquement en fournissant les modèles de lettres correspondantes.

Allant encore plus loin, l'ordinateur peut permettre de gérer l'agenda du praticien. Il établit son planning et le tient à jour au fur et à mesure que de nouveaux éléments lui sont fournis. En fin d'opération, il peut calculer les honoraires en fonction des débours, du temps ou d'une tarification des opérations.

En France, au cours des trois dernières années, la compagnie generale d'informatique a poursuivi, pour le compte du centtre notarial d'informatique[4], la réalisation d'un système de gestion et rédaction automatique des actes notariés qui a été dénommé GARAN.

Ce système répond à la triple exigence d'assister le clerc dans la constitution juridique de l'acte, d'assurer la gestion des pièces nécessaires à l'établissement de l'acte, de rédiger enfin l'acte lui-même et ses divers sous-produits. L'originalité du but recherché a nécessité la mise en oeuvre de méthodes d'analyse nouvelles tirées des résultats récents de la Sémiologie juridique. Une «grammaire générative» des actes notariés de vente immobilière a ainsi été mise au point, ainsi que les programmes informatiques permettant d'en automatiser le fonctionnement. Le système GARAN est donc actuellement au stade expérimental; il a fait, d'ores et déjà, l'objet de très nombreuses simulations visant à en tester la valeur du point de vue de la sécurité juridique, tant dans la constitution que dans la rédaction de l'acte. Ces simulations se sont avérées, au fur et à mesure que des corrections et mises au point très précises étaient effectuées sur la grammaire, de plus en plus satisfaisantes.

Les praticiens sont aussi très vivement intéressés par l'automatisation des fichiers publics, tels que les fichiers fonciers, le fichier commercial et le fichier d'état civil qui leur permettrait d'obtenir de manière centralisée et très rapidement les multiples renseignements indispensables pour la rédaction de leurs actes et qui, actuellement, sont gérés par différentes administrations et à des échelons géographiques divers.

Si une documentation abondante, voire exhaustive, assure une bonne information, cette prolifération n'est pas sans inconvénient et, si le problème se pose

---

[4]) 12 avenue Victoria, Paris 1er

en termes comparables pour tous les juristes y compris les juges, il a une acuité particulière pour les praticiens qui doivent travailler vite.

Il semblerait donc nécessaire pour les organismes de documentation ayant opté pour l'exhaustivité (cf ci-dessus Thème I) que les documents répétitifs ou d'intérêt purement statistique soient assortis d'un signe qui permettrait à l'interrogation de les sélectionner ou non pour la réponse, suivant le désir du demandeur. La recherche et la réponse totalement exhaustive chaque fois allongent les temps de tri et d'édition, donc alourdissent les coûts et embarrassent l'utilisateur de documents inutiles.

L'utilisation des dates est également un moyen de limiter la réponse aux documents récents ou postérieurs à une réforme.

A ce problème peut être joint celui de la mise à jour du fonds, question particulièrement délicate en Droit car, quand peut-on dire qu'un document est totalement périmé et ne présente plus d'intérêt? Etant donné le principe de la non-rétro-activité des lois, les dispositions abrogées continuent à régir les situations acquises. Il arrive que des litiges doivent être tranchés sur le fondement de dispositions anciennes (cf ci-dessus Thème I — II B).

6. L'informatique affectera-t-elle le développement de la fonction de conseil?

Pour les rédacteurs d'actes, rien à notre avis ne sera changé. Pour la consultation, le fait d'avoir une bonne documentation rapidement devrait permettre aux juristes d'être plus compétents, de travailler plus vite et de dégager le temps nécessaire à une étude sérieuse de leur dossier.

La tâche du conseil est essentiellement de dialogue et de synthèse, la recherche de la documentation n'étant qu'un moyen que l'informatique améliore considérablement.

Cette amélioration entraînera-t-elle une expansion ou une réduction des effectifs des professions judiciaires?

En effet, si nous supposons que l'on puisse déterminer de façon exhaustive pendant les trois ou cinq dernières années avec tous les coefficients de personnalisation qui s'imposent, l'évaluation des préjudices par exemple, on peut arriver à un résultat tel que le procès deviendra inutile; sauf circonstances exceptionnelles, la transaction s'imposera et les propositions des compagnies d'assurance seront concordantes.

A l'heure actuelle, pour les sinistres corporels, 72% des litiges sont déjà réglés par voie amiable et 28% seulement par voie judiciaire et, sur ces 28%, 23% le sont par des décisions définitives de 1ère instance, et 5% seulement par des arrêts de Cours d'Appel.

Il s'agit là, en fait, d'un contentieux encore important mais qui ne saurait totalement disparaître. Il y aura sans doute moins d'affaires, mais celles-ci seront plus importantes et plaidées devant des juges qui, eux aussi, déchargés de ce même contentieux, seront à même de mieux juger.

Du point de vue de l'économie du justiciable et de la justice elle-même, on ne peut que s'en féliciter même si, sur le plan individuel, certains peuvent redouter cette évolution. Mais, bon nombre d'autres facteurs entrent en jeu et l'évolution actuelle fait apparaître en France un phénomène de concentration sans diminution notable des effectifs des professions juridiques.

II. L'influence de l'informatique sur la formation et la formulation du droit

1. La connaissance des faits sociaux et l'élaboration des réformes

Si, notamment en matière de jurisprudence, on prend la précaution d'enregistrer avec précision les données de fait, si l'on peut de surcroît avoir accès, dans des conditions à déterminer, aux banques de données relatives aux actes juridiques, il est possible de procéder à des études de sociologie juridique et de connaître ainsi les conditions dans lesquelles les lois sont appliquées et les domaines dans lesquels une réforme s'avère nécessaire.

Les résultats de ces études seraient précieux pour l'élaboration des réformes, notamment de droit civil et de droit pénal (cf Thème II. A. 1.).

On pourrait concevoir des modèles (socio-économétriques notamment) ayant trait à des mesures législatives projetées. Ces modèles, concernant des situations bien définies, permettraient des simulations, sur ordinateur, des conséquences sociales de ces mesures.

L'IRETIJ, l'Institut d'Etudes Judiciaires d'Aix-en-Provence, et celui de Lyon, exploitent l'information jurisprudentielle mise en mémoire pour des études sociologiques. L'etude du fait judiciaire à travers la jurisprudence a déjà donné d'intéressantes statistiques en matière de divorce, d'accidents, de procédure, etc. ...

L'Ecole Pratique des Hautes etudes, CETEM, et le CORDES, Comité d'Organsation des Recherches appliquées sur le Développement Economique et Social, ont publié en 1972 une étude sur les affaires judiciaires concernant l'immobilier et la circulation.

La Chancellerie, lors de la préparation des réformes concernant les successions, la filiation et, maintenant, le divorce, a fait procèder à des enquêtes d'opinion publique dont les résultats ont été traités par ordinateur. Il ne s'agit pas là, à proprement parler, d'informatique juridique, mais de l'utilisation de l'informatique à des fins juridiques.

Certaines Grandes Ecoles ont mis au point des »jeux d'entreprises« par la construction de modèle auquel on applique les faits d'un cas précis. La machine est programmée de telle sorte qu'elle est capable de déduire les conséquences d'un ensemble de règles complexes.

En faisant varier les différents paramètres, on peut obtenir les résultats de chaque hypothèse et ainsi choisir la structure juridique, économique et fiscale la plus appropriée.

2. L'expression de la règle du Droit

Il est certain que la numérotation aberrante de certains articles du Code, en particulier, du C.G.I., exemple: 1373 sexiès b, l'utilisation de la double négation, le système des renvois à des textes ou des fractions de textes antérieurs, ne facilitent pal la tâche, mais, comme nous l'avons dit ci-dessus, peut-on vraiment espérer que le législateur changera pour autant ses habitudes. Ce sera en tout cas une oeuvre de persuasion de longue haleine.

Pour les juges, on peut toutefois faire preuve d'un optimisme mesuré, lorsque l'on sait que les magistrats des Cours d'Appel de Montpellier et de Nîmes dont les arrêts sont traités par l'IRETIJ acceptent de suivre les grilles d'analyses mises au point par cet Institut dans la rédaction de leurs arrêts.

La rédaction automatique des actes, en obligeant à repenser la composition des formules, conduit à les clarifier et si l'usage de mots techniques demeure indispensable, certaines lourdeurs héritées du passé sont supprimées et certaines formules par trop ésotériques sont remplacées par une rédaction plus moderne donc plus accessible à l'usager.

Sur le plan du vocabulaire, dès à présent les responsables des différentes expériences ont fait séparément ou ensemble d'importants travaux et la nomenclature à laquelle ils parviendront ne manquera pas d'avoir une influence plus ou moins directe sur tous les utilisateurs.

Cette harmonisation du vocabulaire a été conduite par base de données, c'est-à-dire par ensemble juridique relativement homogène comprenant plusieurs sources de droit, mais ne concernant qu'une matière juridique.

On constate par exemple qu'il existe un droit de la construction relevant à la fois du droit civil, du droit des sociétés, du droit administratif, du droit fiscal et d'un droit spécifique; de même le droit immobilier fait appel au droit des biens des contrats des personnes, des hypothèques, de la fiscalité.

On arrive à un découpage du droit proche des réalités de la pratique, mais qui s'éloigne des divisions universitaires plus didactiques. L'informatique peut donc conduire à repenser le découpage traditionnel du droit et de son enseignement.

Dans une perspective plus lointaine, peut-on concevoir que les spécialistes du droit emploient pour leurs travaux un langage plus condensé et même algébrisé qui se rapprocherait des notations mathématiques?

Le Droit est dominé par un principe de rationalité et le raisonnement juridique est pour l'essentiel un raisonnement logique. Ce raisonnement se présente d'ailleurs souvent sous une forme syllogistique qui, pour n'être pas toujours apparente, n'en est pas moins réelle. Plus généralement, le raisonnement mathématique, avec lequel il présente une parenté certaine, aux notions d'inclusion, d'appartenance, d'équivalence, d'implication, d'application (au sens de la théorie des ensembles).

Il est vrai que le langage juridique n'est pas formalisé alors que la langage mathématique, qui fait usage d'une symbolique propre, l'est très largement. Mais la différence est de degré et non de nature. Le langage mathématique n'est pas lui-même entièrement formalisé puisque les traités de mathématiques ne sont pas écrits entièrement en symboles. Ils comportent de nombreux passages en »langue vulgaire«. Inversement, maintes propositions juridiques pourraient être exprimées d'une manière quasi-mathématique et le vocabulaire employé en Droit est plus précis que dans les autres sciences humaines.

Il faut reconnaître aussi que le raisonnement logique et déductif n'épuise pas entièrement le contenu de la pensée juridique. Celle-ci comporte sa part d'appréciation des faits et de confrontation des valeurs d'ordre éthique notamment, qui résiste à la formalisation. Mais des problèmes analogues se rencontrent aussi, à un moindre degré, dans les sciences réputées exactes.

L'automatisation de la documentation en matière juridique qui, certes, comporte ses aspects propres, ne pose donc pas de problèmes fondamentalement différents de ceux qu'on rencontre dans les autres disciplines et, notamment, dans les sciences exactes, et, au moins à certains égards, elle s'avère peut-être plus aisée en droit qu'en psychologie et en sociologie par exemple.

En France, M. *Aurel David*, Maître de recherches au Centre National de la Recherche Scientifique, poursuit des travaux dans ce sens.

Il est vraisemblable qu'un tel langage, tout au moins à ses débuts, ne serait utilisé que pour l'étude de problèmes complexes, ou à des fins d'automatisation de l'application de certaines dispositions législatives et réglementaires.

Il servirait, en outre, sur le plan des relations internationales, à faciliter la communication entre les juristes pratiquant des systèmes juridiques différents et s'exprimant en des langues différentes (travaux de droit comparé, cas de droit international privé ou public).

Il va de soi qu'en revanche, ce langage ne serait pas utilisé dans les relations avec les citoyens, administrés et »clients«.

3. Le raisonnement juridique

Le raisonnement juridique comporte en général deux aspects qui, parfois d'ailleurs, sont imbriqués et indépendants:

- d'une part, l'aspect logique: le raisonnement juridique se présente souvent sous forme de syllogismes et, plus généralement, se ramène à des conséquences d'implications (si A., alors B. ou D.; si B. alors C., si D. alors E. etc.).
- d'autre part, l'aspect axiologique qui a trait à des choix exercés par référence à un système de valeurs éthico-politiques.

Seul le processus logique est mécanisable. On peut avancer qu'il est possible, dans une assez large mesure, d'automatiser le raisonnement juridique, c'est-à-dire de construire une machine, ou, plus précisement, de programmer un ordinateur capable de dire le droit toutes les fois que la démarche est purement logico-déductive. Un tel résultat requiert certes une formalisation de la pensée juridique, une algébrisation de la règle de Droit qui est possible dans une certaine mesure.

Le problème de la formation et de l'application du droit (la logique judiciaire) et de sa justification philosophique reste entier.

Axiomatique et axiologie seront toujours difficiles à concilier. L'objectivité visée pour l'établissement de banques de données ne peut exclure complètement tout jugement de valeur. Une certaine axiologie fournit un clavier de valeurs entre lesquelles, dans chaque cas particulier, le juge doit effectuer un choix.

Une logique déontique doit laisser subsister la frange de doute qui entoure toute situation contentieuse et que le juge a le devoir de percer. La justice n'est pas seulement un idéal abstrait, elle est avant tout le juste dans chaque cas particulier qui se pose au magistrat.

Sous ces réserves, il semble possible d'automatiser assez largement certains contentieux comme celui des chèques sans provision, de la reponsabilité en matière d'accidents automobiles, et d'autres affaires très objectives. La réponse de l'ordinateur ne sera qu'indicative, le juge gardera toute latitude pour modifier cette réponse au vu de circonstances particulières.

L'édition de tables de décisions peut être un facteur d'unification de la jurisprudence ou tout du moins éviter des discordances inexplicables, voire injustes sans que soit perdue de vue l'appréciation du juge, celle-ci n'étant pas pour autant écartée.

En dehors des obstacles de nature axiologique, éthique ou politique, l'automatisation de la règle de droit se heurte, il est vrai, à une insuffisance de la théorie, à la formulation générale de certaines règles, comme celles de la responsabilité civile (art. 1382 Code Civil) ou à son ambiguïte qui peut être soit inéluctable, du fait de langage, soit volontaire pour des raisons axiologiques, soit accidentelle.

Conclusion

Si, à l'heure actuelle, il est difficile de rassembler l'ensemble des textes régissant une question, il est encore plus difficile, voire impossible, de connaître la totalité de la jurisprudence puisqu'une grande partie n'est pas publiée.

L'informatique juridique permet de réunir et d'exploiter l'ensemble de la documentation.

Sur cet ensemble, il devient possible de repérer les discordances des textes et les divergences de jurisprudence en vue de les harmoniser. Il ne s'agit pas de figer la jurisprudence, mais, bien au contraire, de la faire évoluer à partir de données précises.

Sur le plan national, le fichier de la Cour de Cassation par exemple, est réservé aux magistrats de cette Cour, de même le fichier central du Secrétariat Général du Gouvernement, ou le fichier du Conseil d'Etat. Or, ces fichiers sont financés à l'aide de fonds publics et leur inclusion sous une autre forme dans une mémoire d'ordinateur les rendrait accessibles à tous, soit directement, soit par l'intermédiaire de centres de consultations décentralisés, car l'interrogation d'un système nécessite de formuler la question en termes techniques et selon une certaine méthode et l'accès direct de l'homme de la rue paraît peu réaliste sur le plan pratique, même si théoriquement cela est son droit.

Autant la mise en mémoire doit être centralisée ou assurée par un petit nombre d'organismes responsables fortement liés, autant l'interrogation doit être décentralisée et accessible au plus grand nombre de juristes.

Sur le plan international, un métalangage permettra une meilleure compréhension de certains problemes.

Sur le terrain du droit comparé, il serait plus efficace d'envisager un réseau de communication entre les centres nationaux – la normalisation des formats étudiés au Conseil de l'Europe étant de nature à faciliter ces échanges — plutôt que de nourrir l'espoir utopique que chaque centre national tienne une documentation à jour des droits étrangers.

La meilleure connaissance des droits étrangers rendra plus aisés les travaux de comparaison et, lors des réformes, le législateur pourra non seulement connaître la totalité de ce qui existe en France, mais encore comment le problème est résolu dans les différents pays. Les institutions les meilleures se généraliseront alors sans peine et si comme dans les pays de la Communauté Economique Européenne, l'harmonisation des législations est une nécessité, la tâche de comparaison en sera grandement simplifiée.

Nous ne sommes qu'au début de l'ère de l'informatique juridique. Des perspectives nombreuses apparaissent soit qu'elles soient déjà connues, soit qu'on puisse les imaginer, mais des applications encore insoupçonnées se feront certainement jour. Les juristes, dans un monde informatisé, ne peuvent être les seuls à rester au stade artisanal.

Dès lors que le Droit est un aspect essentiel de la régulation sociale, ses moyens techniques ne sauraient être inférieurs à ceux qui sont mis en oeuvre dans les activités de production, de distribution et de service elles-mêmes soumises à l'ordre juridique.

Annexe I

A — Statistiques des affaires jugees en 1968 par les juridictions de droit commun

1. Le nombre d'affaires jugées en 1968 par les juridictions de droit commun se répartit ainsi:

	Affaire civiles	Affaires pénales
Cour de Cassation	1 894	4 090
Cours d'Appel	54 078	32 944
TGI	178 103	329 543
TI	170 772	1 495 176
Total	410 847	1 861 753
	2 272 600	

La proportion des affaires civiles et de affaires pénales s'établit comme suit:

	Affaires civiles	Affaires pénales
Cour de Cassation	66 %	34 %
Cours d'Appel	62 %	38 %
TGI	35 %	65 %
TI	10 %	90 %

2. Le nombre d'affaires jugées par les principales juridictions d'exception est le suivant:

   — tribunaux commerciaux et TGI statuant commercialement (1968) 1 27 606

– conseils de prud'hommes (1967) – les statistiques de 1968 ne sont pas dépouillées)	39 433
– tribunaux paritaires de baux ruraux (1967 – idem)	6 820
soit au total (1 + 2)	2 446 459

B – Statistiques des affaires jugees par le conseil d'etat statuant au contentieux poun l'annee judiciaire 1967–1968

(extrait de Etudes et Documents – 1968 – Conseil d'Etat – fascicule n° 21)

	Affaires entrées	Affaires jugées
Contentieux général	1 700	1 992
Dommages de guerre	96	220
Pensions et emplois réservés	134	132
Elections	73	68
Contributions	537	766
Aux affaires jugées, il convient d'ajouter:		
– Affaires renvoyées à la République CENTRAFRICAINE en application des conventions passées avec cet Etat		3
– Affaire jugée par le Tribunal des Conflits sur renvoi du Conseil d'Etat (dessaisissement de la juridiction administrative)		1
TOTAUX	2 540	3 182

Annexe II

Centre de recherche et developpement en informatique juridique (C.E.D.I.J.)

Etat du corpus au 30 Juin 1973

I. Bases de donnees interrogéables

1. Législation et règlementation

– Code général des impôts et ses annexes législatives et règlementaires	5 Millions
– Code de commerce et textes s'y rapportant (lois et décrets)	4,3 Millions
– Code de l'Administration communale et textes complémentaires (lois et décrets)	800.000
– Code du Service National et textes d'organisation de la défense (lois et décrets)	900.000
– Code de l'urbanisme et textes concernant la construction	360.000

2. Jurisprudence

– Jurisprudence fiscale du Conseil d'Etat 1935–1954 (table vicennale)	3,6 Millions
– Jurisprudence courante du Conseil d'Etat (générale et fiscale) Novembre 1970–Juillet 1972	
– Jurisprudence de la Cour de Cassation (responsabilité civile) Janvier 1971–Juillet 1971	

– Jurisprudence de la Cour de Cassation,
Octobre 1971–Juillet 1972 5,6 Millions
– Jurisprudence des tribunaux administratifs (sélection de 1971)

3. Documentation politique
– PIF 4ème trimestre 1969 (3 bases de données interrogeables) 1,1 Millions
– PEF 2ème semestre 1969 (1 base interrogeable et 3 enregistrées) 656.000
– Sondages IFOP et SOFRES 1971 1 Million

II. Bases de donnes enregistrées mais non encore interrogéables
– Jurisprudence du Conseil d'Etat (générale et fiscale) Octobre 1972–Mai 1973
– Jurisprudence de la Cour de Cassation, Octobre 1972–Avril 1973
– Code civil et textes d'application (lois et décrets)
– Politique intérieure de la France (4 brochures Documentation Française 1971)

III. Bases de donnees en cours d'enregistrement
– Jurisprudence fiscale du Conseil d'Etat 1955–1964 (table décennale)
– Jurisprudence courante des tribunaux administratifs (sélection de 1972)
– Mesures nationales d'exécution des directives CEE
– Politique Etrangère de la France 1971 (2 brochures Documentation Française 1971)
– Jurisprudence courante du Conseil d'Etat et de la Cour de Cassation (Mai–Juin 1973)

IV. Bases de donnees en préparation
– Jurisprudence du Conseil d'Etat sur la construction et l'urbanisme
– Recueil du Droit de la Fonction Publique (équipe de la Documentation Française)
– Jurisprudence fiscale du Conseil d'Etat, 1965–1970

Annexe III

Cridon: Sujets actuellement analyses par matiere

DROIT CIVIL:
– Succession, régimes matrimoniaux, filiation, adoption Incapacité
– Servitudes, Contrats vente et souage
– Rapatriés, Indexation, Assurances
– Divers: ex, ent matière de divorce, les effets (mais pas les causes)

DROIT RURAL:
- SAFER, Baux ruraux et statut fermage
- Cumul, remembrement rural, fiscalité agricole, sociétés et groupements agricoles
- Divers: ex, indemnité viagère de départ

DROIT INTERNATIONAL PRIVE:
- Etat des personnes: règles de DIP en matière de régimes matrimoniaux, filiation, mariage, adoption condition des étrangers
- Xonflits de lois: règles en matière d'état des personnes, successions, régimes matrimoniaux
- Conflits de juridiction
- Conventions internationales en matière d'exequatur d' extradition, de procèdure, de double imposition
- Droit comparé, sociétés étrangères

DROIT ADMINISTRATIV:
- Administration communale, Domaine Public, Voirie, permis de construire, urbanisme, environment, expropriation

DROIT COMMERCIAL GENERAL:
- Baux commerciaux, faillite
- Fonds de commerce: régime fiscal et juridique
- propriété industrielle, littéraire et artistique au regard du droit patrimonial
- Divers: ex. concurrence déloyale

SOCIETES COMMERCIALES:
- Régime juridique et fiscal, régime social des dirigeants

DROIT FISCAL:
- Principes généraux, Impôt sur le revenu des personnes physiques bénéfices industriels et commerciaux, bénéfices non commerciaux, Enregistrement, Fiscalité immobilière

PUBLICITE FONCIERE:
- hypothèques, privilèges

CONSTRUCTION COPROPRIETE URBANISME
- copropriété, lotissement, responsabilité, primes et prêts â la construction, HLM, sociêtés de construction, permis de construire
- Urbanisme: ZUP, ZAC, zyones industrielles, plan occupation des sols, plan d'urbanisme, redevances d'équipment

PROCEDURE CIVILE:
- Procédure se rapportant aux matières ci-dessus, en particulier, saisies et oppositions

DROIT NOTARIAL:
- Responsabilité, Déontologie, Fiscalité du notaire, sociétés civiles professionnelles

Hinweise

Automatisiertes Liegenschaftskataster als Basis der Grundstücksdatenbank

Die Sachkommission Liegenschaftskataster (SKL) – eine Projektgruppe der Arbeitsgemeinschaft der Vermessungsverwaltungen der Länder der Bundesrepublik Deutschland (AdV) – hat das Sollkonzept „Automatisiertes Liegenschaftskataster als Basis der Grundstücksdatenbank“, das 1973 veröffentlicht wurde, inzwischen weiterentwickelt. Die detaillierten fachlichen Festlegungen der einzelnen Datenelemente des automatisierten Liegenschaftsbuchs sind danach in einer logischen Datenstruktur systemunabhängig graphisch dargestellt und verbal beschrieben. Die graphische Übersicht stellt alle Elemente, deren Hierarchie sowie deren logische Verknüpfung in der Grundstücksdatenbank dar.

Die einzelnen Datenelemente sind bundeseinheitlich festgelegt und beschrieben; notwendige Länderbesonderheiten sind besonders hervorgehoben. Die Beschreibung enthält alle Informationen zur Datensatzgestaltung sowie den Zweck, Aufbau und Inhalt.

Die logische Datenstruktur zeigt die Ordnung der Daten und deren Zusammenhänge auf, so daß insbesondere die mit der AdV nicht unmittelbar befaßten Stellen die Organisation des automatisierten Liegenschaftsbuchs im Rahmen der Grundstücksdatenbank überblikken können. Die Beschreibung der logischen Datenstruktur ist notwendige Grundlage für eine kompatible Anwendungsprogrammierung.

Die Beschreibung ist nach einem Beschluß der AdV für die Vermessungs- und Katasterverwaltungen verbindliche Grundlage einer schrittweisen Realisierung der Grundstücksdatenbank.

Die in der „Gemeinschaft der Anwender“ des automatisierten Liegenschaftsbuchs“ zusammengeschlossenen Bundesländer Baden-Württemberg, Bayern, Hamburg, Nordrhein-Westfalen, Niedersachsen, Rheinland-Pfalz und Schleswig-Holstein realisieren das Teilprojekt „Liegenschaftsbuch“ der Grundstücksdatenbank als anlagenneutrales und für die Länder einheitliches Anwendungssystem auf der Grundlage dieser logischen Datenstruktur.

Druck und Vertrieb der Dokumentation „Logische Datenstruktur“ hat die Niedersächsische Vermessungs- und Katasterverwaltung, 3000 Hannover 1, Warmbüchenkamp 2, übernommen.

Internationales Kolloquium „EDV, Automatik und Organisationswissenschaften“ Le Chesnay, den 14. – 16. Januar 1976

Das Institut für die Forschung über EDV und Automatik I.R.I.A. Institut de Recherche d'Informatique et d'Automatique – organisiert ein internationales Kolloquium vom 14. bis 16. Januar 1976, welches in Chesnay, in der Nähe von Paris zu dem Thema „EDV, Automatik und Organisationswissenschaften“ stattfinden wird.

Allgemeine Darstellungen werden es ermöglichen zu einer Synthese der Ergebnisse und zu einer Methodik zu kommen und einen Überblick über die Fragen zu gewinnen.

Mehr spezialisierte Sitzungen geben dann die Möglichkeit die erarbeiteten Ergebnisse zu vertiefen, die Arbeitsmethoden zu verbessern und die verschiedenen wissenschaftlichen Vorgehen zu vergleichen.

Auskünfte: Institut de Recherche d'Informatique et d'Automatique – I.R.I.A., Domaine de Voluceau, Rocquencourt, 78150 Le Chesnay – Frankreich.

3. Internationale Tage „EDV und Industrie“, Paris, den 29. – 30. Januar 1976

Das Institut für EDV und Verwaltung – INSIG – Institut d'Informatique et de Gestion – organisiert unter der Schirmherrschaft des französischen Ministeriums für Industrie und

Forschung die 3. Internationalen Tage „EDV und Industrie" welche in Paris, am 29. und 30. Januar 1976 stattfinden werden.

Diese beiden Tage werden es den Verantwortlichen der Firmen und den Ingenieuren ermöglichen, die Anwendungen der Fernbearbeitung auf dem Gebiete der Verwaltung durchzusprechen.

Während dieser Tage findet auch eine Ausstellung des EDV-Gerätes statt.

Auskünfte: Institut d'Informatique et de Gestion-INSIG, 5, Rue Quentin-Bauchart, 75008 Paris — Frankreich.

Literatur

Hans Brinckmann — Klaus Grimmer — Klaus Lenk — Dieter Rave, Verwaltungsautomation.

S. Toeche-Mittler Verlag, Darmstadt (Beiträge zur juristischen Informatik, Band 2). 1974. 132 Seiten, DM 29,50. ISBN 3-87820-015-3a

Entsprechend dem Untertitel des Bandes (Thesen über Auswirkungen automatisierter Datenverarbeitung auf Binnenstruktur und Außenbeziehungen der öffentlichen Verwaltung) stellen die Autoren aus den empirischen Fakten und den spärlichen wissenschaftlichen Vorarbeiten Denkansätze und Hypothesen zum Einsatz der EDV in der öffentlichen Verwaltung vor, die Grundlage für weitere verwaltungs- und rechtswissenschaftliche Arbeiten sein sollten. Ausgegangen wird dabei vom Verhältnis des Bürgers zur Verwaltung als Steuerzahler und als Kunde der Verwaltung. Daraus ergeben sich die Ziele jeder Verwaltungsautomation: Modernität, Rationalisierung, Wirtschaftlichkeit, Integration, Objektivierung, Flexibilität, Bürgernähe. Die Automatisierung soll die Leistungen der Verwaltung erhöhen und ihre Kosten senken (bzw die Durchführung neuer Aufgaben ohne personellen Mehraufwand ermöglichen) und andererseits dem Bürger den Kontakt zur Verwaltung vereinfachen, aber auch die Verwaltung effektiver gestalten. Die empirischen Unterlagen werden aus verschiedenen Berichten der Regierungsstellen im internationalen Vergleich bezogen (wobei die Berichte über die Verwaltungsautomation in Österreich unberücksichtigt blieben), die alle nur reine Faktenfeststellungen enthalten, aber weder auf die mit der Verwaltungsautomation verbundenen Strukturänderungen noch auf ihre möglichen gesellschaftspolitischen Auswirkungen eingehen. Im Band werden dann typische, der Automation zugängliche Verwaltungsarbeiten dargestellt und dabei die Thesen formuliert, daß die Verwaltungsautomation zu Zentralisierung und Integration von Verfahren führt (wobei aber die Verwaltungsorganisation nicht geändert, sondern die EDV der nicht optimalen Verwaltungsorganisation angepaßt wird, und daß sie sich zugunsten von „Großkunden" der Verwaltung (zB durch den Datenaustausch auf maschinenlesbaren Datenträgern), aber zu Lasten der Personen (sozialer Randschichten) auswirken wird, die von der Verwaltung vielfältige und vereinzelte, nicht kostengünstig programmierbare Leistungen erwarten (S 77). Die Verwaltungsautomation dürfte auch zu einer Verschiebung von Amts wegen führen, womit auch eine Erhöhung der Effektivität verbunden sein würde. Gesellschaftspolitisch könnte die Verwaltungsautomation zu einer Formalisierung des Umweltbildes (Folge der Berücksichtigung nur standardisierter Daten, Reduzierung der erfaßten Aspekte), zu einer Verringerung der Kontaktstellen zwischen Bürger und Verwaltung und zu einer geringeren irrationalen Einflußnahmemöglichkeit auf Entscheidungen führen.

Bisher hat sich die wissenschaftliche Beschäftigung mit dem Komplex „EDV in der Verwaltung" im wesentlichen auf Fragen des Datenschutzes und auf theoretische Grundlegungen beschränkt und das Feld der Verwaltungspraxis überlassen. Im Besprechungsband wird auf die Probleme hingewiesen, vor denen sich die Verwaltungsautomation in der an ihre Spezifika noch nicht angepaßten Rechtsordnung sieht und die, nach wissenschaftlichen Vorarbeiten, zum Großteil wahrscheinlich legislativ gelöst werden müssen: das „diffuse Prinzip der Amtshilfe" (S 42), der Einsatz der EDV im Verwaltungsverfahren (womit die Frage des Rechtscharakters eines Programms zusammenhängt), die Verantwortlichkeit für automatisierte Verwaltungsakte, die Verringerung von Ermessensspielräumen und der Ersatz unbestimmter und damit der Auslegung bedürftiger Rechtsbegriffe durch quantifizierte und damit programmierbare Formulierungen („automationsgerechte Vorschriften"). Aus der Sicht der Verwaltungslehre kommen zu diesen Problemen noch die mangelnden Kenntnisse über Struktur und Informationsgrundlagen für Planungsentscheidungen, die am Erfolg von Informationssystemen für die Verwaltung zweifeln lassen, und das Fehlen eines adäquaten Verfahrens für Wirtschaftlichkeitsberechnungen von Automationsvorhaben (S 92: „Die globale Vermutung, Verwaltungsautomation sei wirtschaftlich, ist kaum belegbar."). Ein Exkurs des Bandes ist schließlich den personellen Auswirkungen der Verwaltungsautomation gewidmet.

Die durch ein Literaturverzeichnis abgeschlossene Arbeit bietet wertvolle Denkansätze für die Verwaltungswissenschaft, vernachlässigt dabei aber etwas die Rechtswissenschaft, die sich ebenfalls mit diesen Fragen konfrontiert sehen wird. Manche der im Band formulierten Thesen fordern Kritik – zB daß sich der Kontakt zwischen Bürger und Verwaltung verschlechtere; daß die Verwaltungsautomation die Flexibilität der Verwaltung verringere (S 103; wie dies mit der später – S 107 – vertretenen Meinung konveniert, daß die Steuerungskapazität erhöht wird, ist nicht einsichtig) –, doch würde dies über den Rahmen einer Rezension hinausgehen und dem Anliegen der Autoren nicht gerecht werden, die den Band bewußt nicht als Sammlung gesicherter Erkenntnisse verstanden wissen, sondern damit ein verwaltungswissenschaftliches Forschungsprogramm vorbereiten wollen, dessen Ergebnissen man mit Interesse entgegensehen kann. Gerhard Stadler

Philip Slayton, Electronic Legal Retrieval / La Recherche documentaire electronique dans les sciences juridiques

A Report prepared for the Department of Communications of the Government of Canada. Ottawa, 1974. 96 S, 1.– Dollar (engl/franz).

Das kanadische Department of Communications hat in den letzten Jahren eine Reihe von Untersuchungen über verschiedene Probleme moderner Informationstechnologien herausgegeben. Diese Schriften fanden zum großen Teil internationale Beachtung und Anerkennung. Erinnert sei hier nur an die Studie „Privacy and Computers" und die gründlichen Untersuchungen der Privacy and Computer Task Force zu Einzelfragen des Datenschutzes. Nunmehr liegt mit dem Band von *Philip Slayton* ein Beitrag zu Fragen der Juristischen Dokumentation vor.

Slayton, der Professor an der McGill University ist, gibt zunächst eine kurze Übersicht zum Stand der Diskussion über juristische Entscheidungsprozesse. Ausführungen zur Informationskrise des Rechts und den Möglichkeiten ihrer Bewältigung durch automatisierte Dokumentationssysteme schließen sich an. Vorgestellt werden zwei kanadische Systeme: DATUM/SEDOJ (Documentation automatique de textes juridiques de l'Université de Montréal) und QUIC/LAW der Quens University (vgl dazu auch die Materialien im Anhang der Studie, S 27 ff des englischen Textes). Leider bleibt die Beschreibung dieser Systeme recht knapp, zumal *Slayton* sie mit Erläuterungen verbindet, die allenfalls dem mit der Materie gänzlich Unvertrauten nützen können. (Textprobe, S 9: „Having put the information into the computer, one must think of a way of getting it out").

Abschließend untersucht Slayton die Auswirkungen von automatisierten Dokumentationssystemen auf Informations- und Entscheidungsverhalten der Juristen und weist auf die hier bestehenden Forschungsdefizite hin. Die Allokation größerer Ressourcen für Dokumentationssysteme sei solange abzulehnen, bis juristische Entscheidungsprozesse besser erforscht und die Auswirkungen automatisierter Systeme experimentell untersucht seien. Das selbstgesteckte Ziel, ein „framework" für solche Studien bereitzustellen (S 25), hat *Slayton* freilich nur sehr bedingt erreicht. Allzu knapp ist die Begründung des Katalogs seiner Folgerungen (S 21–25). Zudem bleiben wesentliche Probleme – etwa die Frage der Einbeziehung der „Sozialdaten" – ausgeblendet. Otto Mallmann

Beiträge zur Umweltgestaltung. Heft B 3. An International Environmental Law Information System - Un Système d'Information International sur le Droit de l'Environnement - Ein internationales Informationssystem für Umweltrecht - Bericht über ein Forschungsprojekt von W. E. Burhenne, F. Guilmin, J. W. Kennedy. IUCN Environmental Law Centre, Bonn.

ERICH SCHMIDT VERLAG, Berlin/Bielefeld/München. XXVI, 328 Seiten, DIN A 4. Kartoniert DM 39,–

Der Bericht ist recht unergiebig. Er nimmt auch nur wenig mehr als vier Seiten der Veröffentlichung, die aus insgesamt 354 Seiten besteht, ein. In ihm wird zunächst die IUCN (deutsch: „Internationale Union für die Erhaltung der Natur und der natürlichen Hilfsquellen") vorgestellt. Man erfährt, daß die IUCN sich die Aufgabe gestellt habe, „die höchste erreichbare Lebensqualität für die gesamte Menschheit zu erhalten". Man erfährt weiter, daß auch das „IUCN-Center für Umweltrecht", das in Bonn sitzt, diesem nicht eben bescheidenen Ziel zu dienen habe und daher eine, wie auch nicht gerade zurückhaltend formuliert wird, „weltumspannende" Dokumentation von Rechtsvorschriften, die Umweltfragen zum Inhalt haben, unterhalte.

Dies „Center" nun hat sich, so heißt es, „seit Jahren bemüht, Sammlung und Katalogisierung juristischer Unterlagen ... so durchzuführen, daß Informationen ... leicht zugänglich sind". Da die Bemühungen offenbar nicht den rechten Erfolg hatten, begann das „Center" einen „Versuch zur Informationsverarbeitung", der, wie kann es anders sein, ein „großangelegter" ist. Dieser „großangelegte Versuch" nun ist das „Forschungsprojekt", von dem im Untertitel der Veröffentlichung ein Bericht versprochen wird. Der Bericht liest sich wie ein Vorwort zu etwas, das fehlt.

Es beginnt mit einem Seitenhieb: „Obwohl neuerdings von dem ‚full text retrieval' ... viel Aufhebens gemacht wird ...". Man hat sich also für „ein Stichwortsystem zur Kodierung der Rechtstexte" entschieden. Zwischenfrage: Beschreiben nicht auch die Dokumentationen, die „full text retrieval" anwenden, den Inhalt ihrer Dokumente mit Stichwörtern? Nun, so genau nimmt man es nicht. Denn was sind Stichwörter? In dem „Bericht" heißt es: „Eigentlich ist mit der Bezeichnung ‚Stichwort' die Kombination eines juristischen mit einem umweltrelevanten Begriff gemeint." Weitere Zwischenfrage: Und uneigentlich?

Nein, Genauigkeit ist die Sache des „Berichts" nicht. So fällt es schwer, zu erfassen, was „eigentlich" das „Center" für „Neuland auf diesem Gebiet erschlossen" hat, dessen Ergebnisse „internationalen Verbänden und Organisationen sowie der internationalen Fachwelt insgesamt" vorgelegt werden müssen. Dokumente wurden mit Stichwörtern belegt. Das ist nicht neu. Die Stichwörter sind in einer Liste zusammengestellt. Das ist auch nicht neu. Und neu ist auch nicht mehr, eine solche Liste als „Thesaurus" zu bezeichnen.

Der „Bericht" sagt nicht, daß und warum der Benutzer der IUCN-Dokumentation die Stichwörter, die von dieser verwendet worden sind, besser und schneller findet als die Stichwörter, die von anderen Dokumentationen verwendet werden. Dies wird auch durch das Studium des „Thesaurus" nicht klar. Das große Problem jeglicher Dokumentation liegt doch nach wie vor darin, daß der Benutzer das richtige Stichwort oder, allgemeiner ausgedrückt, das richtige Merkmal findet, mit dem der Inhalt eines Dokuments beschrieben wird, wobei „richtig" dasjenige Stichwort oder Merkmal ist, das die Dokumentare benutzt haben. Schwierig ist das deswegen, weil eine Sache verschieden bezeichnet werden kann oder, anders herum, eine Bezeichnung verschiedene Sachen meinen kann. Wissenschaftlich sagt man dazu: Begriff und Bezeichnung fallen auseinander. Die Thesaurusforschung beschäftigt sich damit, für Begriffe eindeutige Bezeichnungen festzulegen und mit den Bezeichnungen eindeutige Begriffe zu bestimmen. Ob das überhaupt geht und insbesondere auch im Rechtswesen, ist eine Frage für sich, die hier nicht erörtert werden kann.

Das „Forschungsprojekt" aber hat, soweit man es nach dem „Bericht" und dem „Thesaurus" beurteilen kann, dieses Problem einer Lösung nicht näher gebracht. Möglicherweise ist es auch gar nicht erst gesehen worden. Das Durcheinanderwerfen von „Begriff" und „Bezeichnung" („Die Begriffe wurden in andere Sprachen übersetzt") und noch einiges andere könnte sogar dafür sprechen.

Warnstädt

FSC
www.fsc.org
MIX
Papier | Fördert gute Waldnutzung
FSC® C083411

Kolibri 360 GmbH
Ferdinand-Jühlke-Straße 7
99095 Erfurt, Deutschland
produktsicherheit@kolibri360.de